그는 누구일까

국립중앙도서관 출판시도서목록(CIP)

그는 누구일까 : 김지헌 수필집 / [김지헌 지음]. -- 전주
: 신아출판사, 2013
p. ; cm

ISBN 978-89-98524-09-8 03810 : ₩13000

한국 현대 수필[韓國現代隨筆]

814.62-KDC5
895.744-DDC21 CIP2013001796

그는 누구일까

김지헌 수필집

수필과비평사

■ 작가의 말

저 앙증맞은 생명들 좀 보아

봄 햇살의 유혹을 뿌리치지 못하고 길을 나섰다. 무등산 자락까지 이어져 있는 공원을 향해 걷는데 한기를 떨치지 못한 바람이 아직 매차다. 얼얼한 귀를 만지며 집에서의 온기가 아쉬워 슬몃 후회스럽기도 하다. 같은 태양이건만 문풍지 안에서 맞는 햇볕과 문간 밖의 햇볕은 그렇게 다르다. 그러나 어쩌랴. 내친김에 끝까지 가야지. 입고 있던 옷깃을 곧추세우고 발걸음을 옮긴다. 어쩌면 그게 세상살이의 모양새일 테고, 글을 써야 하는 내 모습일 테다.

공원 끝까지 갔다가 돌아오는 길, 비로소 눈에 들어오는 풍경들이 새롭게 아름답다. 겨우내 휴지기로 들어가 있던 둑길의 검불 사이로 수줍게 고개를 내밀어 세상과 조우하고 있는 여린 쑥 몇 잎을 보았다. 얼음 풀린 계곡물이 불어나 시원스런 소리로 흐르고, 철쭉 덤불 사이로 참새 떼들이 날아와 후두둑거리며 먹이를 찾는다. 동면에서 깨어나는 자연의 소리에 힘입어 나도 기지개를 켜는 느낌이다.

초여름이면 튤립 축제를 하던 장소를 지나는데, 주변보다 높이 돋아진 땅이 울룩불룩 힘줄을 내어 쫙쫙 금이 가 있는 것이 내 시선을 붙들었다. 호기심에 가까이 가서 들여다보니 아, 땅을 뚫고 올라오는 연홍빛의 작은 싹들이 아닌가. 저 앙증맞은 생명들 좀 보아. 가슴이 벅차올라서 나는 혼자 흐흐 소리내어 웃었다. 생명이 주는 충만한 기쁨과 감동이었다.

감히 그런 꿈을 꾼다. 이 작품집이, 혹은 어느 한 작품이 세상 어느 곳에 가서 누구에게, 단 한 사람에게라도 저 새싹처럼 그런 기쁨과 감동을 전해줄 수 있다면, 그 마음을 어루만지며 나눠진다면, 이 작품을 쓰는 내내 내가 앓았을 고통과 허무와 외로움이 보람으로 몸바꿈하게 될까. 이 시대에도 미욱스런 나는 감히 그런 꿈을 꾸고 있다. 세상과의 관계들이 시시하거나 너무 숭고해서 선뜻 다가가기 어려울 땐 글을 쓰며 자신을 위로한다. 그 경험으로 나는 문학이, 아픈 영혼을 위로해 줄 수 있을 것이라는 잠깐의 환幻을 품어보곤 했다.

제2집 ≪표면적 줄이기≫가 세상에 나온 후 8년이 지났다. 능력 부족과 다른 것에 기웃거리느라 에세이 쓰기에 게을렀어도 이에 대한 그리움은 늘 내 곁에 있었다. 그래서 숙명처럼 나는 써야 했고, 어쩌면 사는 내내 글쓰기는 지속될 것이다.

그동안 내게 머물던 작품들에게 제 몫을 다하도록 자유를 주는 게 한때 주인이었던 자의 관용이라 여겼다. 작고 여리고 투박하고, 시간이 흘러 지금의 생각과 다른 것일지라도 그 역량만큼 힘껏 날아오르도록 붙들고 있던 얼레의 실을 모두 풀어준다. 이제 작품들은 내 곁을 떠나고 나는 텅 비워진다. 그새 달큰한 봄 냄새에 현기증이 인다.

2013년 봄이 오는 길목에서

김지헌

| 목차 |

1부 그는 누구일까

2부 어머니의 기도

3부 꽃물 들여 주는 시간

4부 생각대로 되는 세상

5부 일상의 흔적에서

6부 다른 시각으로 읽다

1
그는 누구일까

발자국

겨울

12월, 첫눈이 탐스럽게 쏟아진다.

예기치 않은 선물을 받는 느낌이 이럴까. 거실에 앉아 내년에는 풍년이 들겠구나 하고 혼잣말을 한다. 그러면서 피식 웃는다. 옛사랑을 떠올린다면 모를까, 첫눈을 보며 풍년을 읊조리다니. 연륜은 사람을 느슨하고 둔하게 만들기도 하지만 조금은 따뜻하고 이타적인 면모를 갖게 하기도 한다는 생각에서다. 언제부터인가 가뭄이 들면 싹을 틔우고 제 몸을 키울 생명을 염려하고, 날씨가 더워지면 연료를 연소시키며 오염될 환경을 생각하고, 기온이 내려가면 지하도에서 신문을 덮고 자는 노숙자를 생각하게 된다.

내 자리, 작은 책상이 놓인 거실 한 쪽에 앉아 앞산을 바라본다.

한 지인이 그 산의 능선이 하도 예뻐 이사하게 되었다는 수려한 산이다. 황진이의 눈썹이 저리도 고왔을까. 아니 서정주의 '동천'을 품은 산이다. 도로를 사이에 두고 시야에 들어오는 산과 나무가 흰 눈과 어우러져 아름다운 풍경을 만든다. 행여 그 사이 눈이 쌓였을라 창밖을 보니 눈은 자취도 없다. 세상의 열기가 모두 흡수해버린 탓이다. 하늘에서 내려오는 나비 같은 흰 눈은 땅에 떨어지는 순간 사르르 녹아 스며든다. 굳이 발자국을 남기려 앙탈부리지도 않는다. 욕심이 없으니 미련도 원망도 없다. 베란다 가까이 서서, 무등산에서부터 흘러내려오는 개울물을 보니 하아, 그 새 많이 불어 있다. 저 순백색의 눈은 이미 알고 있었던 게다. 자신의 존재가 땅 속으로 스며드는 일은 영원한 소멸이 아니라는 걸. 내일 아침에는 더 많은 왜가리를 볼 수 있겠다는 기대에 나는 덩달아 행복하다.

가을

10월, 소멸하는 것들은 모두 아름답다.

산길을 걷고 있는데 미풍에 제 몸을 싣고 날아와 사뿐히 내려앉는 단풍잎이 곱다. 아니 예쁘다. 제 스스로 와야 할 때 오고, 가야 할 때 갈 줄을 알기 때문이다. 사람이 그렇고 자연이 그렇고, 생명 있는 모든 것들이 그렇다. 생의 마지막 순간은 사람을 비롯하여 모든 것들에게 존재한다. 소멸의 순간이 있기에 생명체의 아름다움 또한 존재할 것이다. 변화하고 유한한 것, 그래서 욕심껏 자신을 뽐내거나 돋보이려 최선을 다해 살아내지 않던가. 그리고 난 후 스스로의 생을 깔끔하게 미련 없이 놓을 때, 그러한 생을 보낸 자연에게, 사람들에게 우리는 존경의 눈빛을 보낸다.

늦가을, 산장에서부터 규봉암을 휘돌아 장불재를 경유하니 무등산 등허리를 한 바퀴 돌게 되었다. 선홍빛의 단풍과 암갈색의 나무들을 보며 가을의 발자국을 따라가 보았다. 떨어진 나뭇잎 자리에는 새봄에 움틀 생명의 터가 자리 잡고 있으리. 소멸의 순간은 재생의 순간을 위해 존재하나니. 그 깊고 오묘한 한 수레바퀴가 어찌 슬픔이나 기쁨, 아름다움 따위의 빈약한 언어들로 표현될 수 있을 것인가. 그저 작은 생각 하나를 넌지시 남기려 했을 뿐.

여름

8월, 무성한 것들은 소용돌이를 일으킨다.

그래서 한여름 숲 속에 들어서면 현기증이 인다. 나무들이 혼신을 다해 내뿜는 정열의 에너지가 숨막히게 한다. 그것은 여름 생물들이 주는 메시지를 읽는 자에게만 가능한 숨가쁨이다. 충만함을 온몸으로 받을 줄 아는 자의 특권이다. 날숨과 들숨을 반복하며 폐부 깊은 곳까지 스며든 여름 냄새를 맡는다. 여름 냄새, 그것은 열정이다. 산하 어디를 둘러봐도 짙푸른 성숙함이다. 그 성숙은 완숙의 과정을 거쳐 미래의 소멸 단계와 연결된다.

'가을'에서 소멸하는 것은 아름답다고 하였다. 그 아름다운 이유 중의 또 한 가지는 여름의 열정에 있다. 살아있는 동안 혼신의 열정을 사르는 시기가 여름이기 때문이다. 대나무가 꽃을 피우고 죽음을 맞이하듯, 사마귀가 혼신을 다한 교미 끝에 자신의 존재를 암컷에게 전이시키고 죽음을 맞이하듯, 소멸의 순간 전에는 생의 꼭지점이 존재한다. 사람의 변이 과정은 서서히 진행되어 우리는 가시적으로 느끼지 못하지만 인생도 어느 지점에 절정의 시간들이 존재한다. 이 무성한 시기의 생명은 나이테를 만든다. 생의, 살아있는 날의 흔적을 남기는 것이다. 존재에의 흔적을 생성하는 일, 여름의 발자국이다.

봄

5월, 환희의 순간들이다.

생명 가진 만물이 용트림을 시작하고도 두어 달이 지났다. 그 사이 가슴속까지 화안하게 밝혀주던 개나리가 지고, 열정을 수줍게 태우던 진달래도 졌다. 온전한 몸을 지키지 못하고 상처 난 몸체를 보이느니 차라리 요절하고 말겠다는 듯, 뚝뚝 꽃잎을 떨어뜨리는 자목련도 미련없이 한 생을 다하였다. 추월산의 산벚꽃은 만월의 호수를 보는 것처럼 혼몽하게 했다. 그 즈음, 늦봄의 햇살까지 가세해 세상은 나른한 마술에 빠져들었다. 그렇게 아름다움 천지인 세상에서 지상에 발 딛고 서 있느라 나는 필사적이었다. 봄은 그렇게 제 발자취를 빠짐없이 재현했다.

5월의 마지막 수요일이었던가. 전 날 비가 와서 세상의 모든 것들이 말끔하게 제 모습을 정리했다. 학교 뒷산의 소나무들은 한층 더 짙푸르러 보였다. 오후까지 수업을 하고 지친 몸으로 터벅터벅 걸어 주차장에 도착했다. 긴긴 봄 해는 서산에 걸려 있었지만 아직 그 기운이 창창해 나는 두 눈을 찡그리며 구석에 두었던 차를 찾아 리모콘을 작동시켰다. 차를 향해 걸으면서 보니 차는 온통 누런 먼지를 뒤집어쓰고 있었다. 매스컴에서 보던 꽃가루 세례를 야무지게 받았다는 생각으로 피식 웃음이 나왔다.

그러나 다음 순간, 환희였다. 누가 그렸을까, 저 아름다운 그림을. 어쩌면 그리도 앙증스런 자취를 남겼는지 아하, 하고 탄성이 절로 흘러나왔다. 누가 그리도 오종종한 발자취를 만들 수 있을까. 하루 종일 노란 송홧가루를 뒤집어쓴 차체에 참새 두세 마리가 내려와 잠시 노닐다간 모습이었다. 노란 물감 위에 찍힌 그 발자국은 사랑하는 이를 앞에 두고 너무 황망하여 종종거린 모습도 아니었고, 너무 점잖아서 앙큼 떠느라 제 모습을 보여주지 못한 못난 모습이지도 않았다. 적절히 사랑하고 아쉬움을 남긴 채 날아간 참새의 발자국. 사랑스러운 봄의 발자국이었다. 그야말로 조화를 아는 새들의 조홧속이었다. 노란 송홧가루 위에 새긴 새들의 발자국, 봄의 발자취에 홀려 나는 현기증이 일었다.

그는 누구일까

꽃샘추위가 기승을 부리던 3월 어느 날, 지인을 만나기 위해 광천동의 한 건물을 찾아가던 중이었다. 발걸음을 늦추어 건물 이름을 확인하던 중 한 탁발승과 마주쳤다. 그는 비구니였다. 승복을 입었으나 옷은 오랜 시간의 흔적으로 남루해 보였고, 작고 왜소한 몸과 절뚝거리는 다리가 자꾸 시선을 비끄러매게 했다. 낡은 털신 속에 발목까지 올라온 푸른빛이 도는 흰 양말이 왜 그리 춥고 외롭게 보이던지. 어쩌면 작고 마른 몸 탓에 그의 흰 양말이 유난히 눈에 띄었는지도 모르겠다. 어쨌거나 그와 나는 서로의 일을 위해 같은 블록에서 거리를 좁혀들어 오고 있었고 나는 본의 아니게 그의 행동을 엿보게 되었다. 저만치서부터 탁발삼아 문을 밀고 들어가는 가게마다 거절당하고 나오는 모습을.

내가 찾던 건물 앞에 섰을 때 그는 그 가게에서도 허방 짚고 나오는 중이었다. 나도 모르게 지폐 한 장을 꺼내 합장하고 두 손을 내밀었다. 그러나 그는 짧은 순간 내 눈을 무연히 들여다보더니 합장으로 답하며 고개를 흔들었다. 순간 나는 어떻게 해야 할지 몰라 당황했다. 그냥, 드리고 싶어서요. 불쑥 나온 말 또한 한없이 궁색했다. 그래도 그는 고개를 저으며 연거푸 합장만 할 뿐이었다. 그의 의중을 짐작한 나는 합장하고 그대로 돌아섰다.

그 작은 사건은 이상하게도 내 마음을 오래도록 잡아두었다. 그를 떠올릴 때마다 그의 하얀 양말이 불쑥 기억에서 치솟기도 했다. 뿐만 아니라 그의 거절은 나를 돌아보게 했다. 행여 지폐 한 장에 어줍잖은 생각이 들어 있었던 것은 아닌지. 옹색한 자기만족이 끼어들었던 것은 아닌지…. 그러나 내가 마음 낸 순간 나는 어떤 의도도 직조해내지 않았음을 자인한다. 참된 수행자라면 어느 종교, 어느 누구에게도 똑같은 마음일 것이다. 가게의 문을 열 때마다 합장하고, 문을 닫고 나오며 합장하는 그의 행위에는 탁발승의 무심함과 일상적 삶에 대한 경건함이 그대로 배여 있었다. 여러 가게를 전전하며 빈손으로 나올지라도 그의 태도에는 변함이 없었다.

그리고 시간이 흘러갔다. 어느 늦가을, 가로수의 은행잎이 도로를 노랗게 물들이던 날이었다. 나는 방림동의 도로변 상가에서 그를 또 만났다. 나는 왜 여전히 그가 반가운 걸까? 흰 양말에 같은 승복 차림이었다. 봄에 보았던 것처럼 그의 탁발은 여전히 난부득으로 보였다. 그의 태도 역시 조금도 변함없이 공손하게 문을 열고 합장했다가 문을 닫고 돌아서기를 반복하고 있었다. 장소만 다를 뿐 그의 삶은 하나도 달라지지 않았다. 나 역시 거절당한 경험의 기억을 그대로 가지고 있었지만 나도 모르게 지폐 한 장을 들고 그의 앞에 섰다. 그것은 어떤 생각이 있어서가 아니라 자동적이었다. 오직 그러고 싶은 마음만 있을 뿐이었다. 다른 게 있다면 거절당한 봄날의 기억 때문에 지폐의 숫자가 봄에 비해 반으로 줄었다는 사실이었다.

그와 나의 시선이 한 곳에서 섬광처럼 스쳤다. 세상에서 가장 온화한 눈길이었다. 그리고 아무런 욕망이 없는 무심한 눈이었다. 그런 눈동자를 언제 만난 적이 있던가. 그의 눈길 아래로 합장한 그의 손을 보았다. 목탁을 두드리던 손이라곤 믿을 수 없을 만큼 작고 애처로웠다. 아니 절제하고 절제해서 더 이상 마르면 나뭇가지가 되어버릴 것 같은 손가락이었다. 그제서야 그가 합장을 풀고 지폐를 받아들었다. 그 순간 세상에서 가장 작고 보잘 것 없는 한 사람이 내게는 큰 세계를 머금은 사람으로 다가왔다. 그 까닭은 나도 온전히 설명할 수 없다. 말하다 그 감동을 놓치는 한이 있어도 설명해야 한다면 궁색한 이런 표현이나 가능할까. 사람들의 냉대에도 흐트러짐 없는 행위, 타인의 도움을 청하면서도 자신이 생각하는 기준에 넘친다 싶으면 거절할 수 있는 용기와 무욕의 모습, 늘 변함없는 정갈함과 당당함이 생 속으로 흘러들어 흔들리지 않는 표정…. 합장하고 돌아서는 순간 나는 그가 관세음보살이라 생각되었다. 넘치고 넘치는 물질 속을 유영하면서도 늘 결핍으로 방향 감각을 상실해가는 내가 나를 보는 순간이기도 하다. 가장 가열찬 수행자적 삶을 살아가는 그에게서 내 모습을 찾고 싶어하는 내 마음을 본다.

반쪽의 영혼을 찾아서

– 계면쩍고 어긋난 세 개의 에피소드

1

휘영청 밝은 달빛 탓인가. 뒤척이다 눈을 떠보니 유리창 가득 쏟아지는 9월의 상현달빛이 신비롭다. 달빛이 만들어내는 나무의 그림자들이 바람결 따라 흔들리고 있다. 가끔 잠에서 깨어나 이런 순간을 맞는 일이 즐겁다. 세상이 고요하게 쉬고 있는데 홀로 깨어있다는 것이 스스로에게 어떤 의미를 부여하는 것인지도 모르겠다. 밝은 낮의, 지독한 현실에 대한 역설적 행복으로서의 어둠을 사랑하는 심리인지도. 곧바로 옆은 코 고는 소리에 나는 현실로 돌아온다. 때로 그 소리 때문에 잠들 수 없다고 구시렁거리기도 하지만 이미 익숙해진 두 사람의 자리다. 곤히 잠든 그의 평온한 얼굴을 무연히 바라본다.

30년을 같이 산 사람이다. 때로는 낯설며 지루하고, 때로는 연민스러우며 얄밉고, 때로는 불편하며 반가운 존재. 무촌 간의 무방비 상태로 보면 언제나 내 편이어서 멋대로 굴어도 괜찮을 것 같은 사람이기도 하다. 같이 있으면 귀찮고, 없으면 허전한 것으로 보아, 두 몸의 두 영혼이 한 사람으로 살려 하는 건 아닌지. 서로에게 얼마나 큰 멍에였을까. 같이 살아오면서 어려움을 겪을 때마다, 상대가 내 마음에 들지 않을 때마다 그를 탓한 경험은 얼마나 많던가. 사람의 관계는 상대성을 갖는다는 것을 잘 알면서도 자신을 성찰하기보다는 상대 탓하기 급급한 세월이 얼마였던가. 다행히 그렇게 생각했던 어둡고 긴 통로를 빠져나와 내가 느끼는 고통이, 미흡함이, 상대를 탓하는 모든 것들의 원인이 내게 있음을 알게 되었으니 얼마나 다행인가.

대체로 어이없고 하찮은 우연들로 인해 우리의 삶이 방향을 바꾸듯, 사랑에 대해 아무것도 기대하지 않고 있는 사람들이 쉽게 사랑에 빠지는 것일까. 그 때, 겨울이라는 계절이 정수리에 와 있을 때였다. 함박눈이 쌓인 아침, 혼자 사는 썰렁한 방문을 걸어 잠그고 출근하는 길에 순간적으로 네흘류도프 백작을 떠올렸다. 하얀 눈길이, 뒤늦게서야 휴머니티를 되찾은 그가 카튜샤를 찾아 눈보라치는 시베리아 벌판을 달리던 그 광경을 떠오르게 한 걸까. 아님 필연에 대한 예감이었을까. 그 날 퇴근길에 내 상상 속의 네흘류도프를 닮은 그를 처음 만나 데이트를 하게 되었다.

2

정신분석학자 라캉은 사랑을 무의식에 얼룩이 생긴 것이라 했다. 우리가 흔히 말하는 콩깍지라는 것이다. 콩깍지에 눈이 가려지지 않으면 결점 투성이의 인간들끼리 사랑하다 결혼까지 하기는 어렵다. 사랑은 늘 변화하고 이동하고 되풀이되면서 끊임없이 다른 모습으로 완전히 죽어버리지 않고 영원히 되살아나는 조건을 가지고 있기 때문이다. 그래서 결혼 후에도 다른 사랑에 한 눈 팔고, 때로는 그 에너지로 생을 지탱하기도 하잖던가! 우리는 매번, 반드시 사랑하는 단 한 사람과 사랑을 창조해 낸다. 매순간마다, 유일한 현장 속에서, 각자가 먹는 나이로. 그래서 사랑에 대해서 말한다는 것은 지난 일이라 할지라도 상처로부터 가능한 것이다. 어쨌거나 제 정신이 아닌 절정의 상태가 되었을 때 우리는 결혼을 선택한다. 그것을 우리는 흔히 운명이라, 팔자라, 인연이라 일컫지 않던가. 결혼이라는 함정으로 이끌고 간 뒤, 당연히 열정은 식어버리는데 그 때의 우리는 그 사랑을 선택한 나를 타자 취급하는 것으로 자신을 위로한다. 이를테면 콩깍지 탓이라는 듯.

사랑의 신 큐피트는 이미 활을 당겼고 시위를 떠난 화살은 내 가슴에 꽂혔다. 사랑의 묘약은 온몸에 퍼져 나 역시 여느 사람들처럼 귀가 멀고 눈이 멀었다. 누군들 그러지 않으면 결혼이라는 엄청난 일을 감히 저지를 수 있겠는가. 우리가 만난 첫날, 그는 나에게 자신 생에 대한 결핍을 가감 없이 내보였고 내 사랑의 시작은 그를 보듬어주고 싶은 애잔한 연민으로부터 시작되었다. 이미 사랑이 주는 초월적 힘이 나의 이성을 넘어서버린 것이다. 아버지를 그리워하며 가슴앓이를 한 나와, 어머니를 잃고 할머니의 빈 가슴을 더듬으며 자란 그와의 만남은, 아픔을 가진 자들끼리 유대감으로 두 사람을 탄탄하게 묶어 준 셈이다.

가난에서 오는 불편함은 아무것도 아닌 걸로 느껴질 정도로 우리의 뜻은 별로 맞지 않았다. 서로 다른 사고와 자란 환경 때문에, 결핍이 적은 평범한 가정에서 자란 사람에 비해 갈등이 더 많았고, 남편은 지극히 현실적인 데 반해 나는 현실에 안주하지 못하는 사람이었다. 젊은 날, 우리는 서로 만나지지 않는 평행선을 달리면서 갈등을 계속할 수밖에 없었다. 내 자유로운 영혼이 더 이상 못 견디겠다고 항거할 때, 어느 날인가 나는 이혼을 하자고 제의했다. 그는 나를 물끄러미 바라보더니 내 말에 대해 코웃음으로 대답했다. 철없는 아내여, 삶이 무엇인지 알고 있니?라는 듯이.

아이들이 태어나자 그들에게 정신을 팔던 어느 날, 남편의 양말을 비벼 빨다가 땀에 찌들어 뻿뻿해진 발가락 부분에 구멍이 난 것을 보고 나는 소리 죽여 한참을 울었다. 내가 꿈꾸는 이상적 삶이 무엇이었던가. 그는 가정을 좀 더 잘 꾸려보려고, 조각난 자신의 삶을 다시 직조해 보려고 하루하루 사력을 다해 살아내고 있는데, 나는 아직도 꿈꾸는 눈으로 세상을 보며 존재의 외로움 타령이나 하고 있다니. 그 날 이후 내가 가지고 있던 막연한 이상과 그리고 내가 옳다고 생각하는 아집과 남편에 대한 내 자존심을 고스란히 접고 진정으로 그의 동반자가 되겠다고 다짐했었다.

이제 세상사 일방적인 일은 그리 많지 않다는 걸 깨닫는 나이가 되었다. 살아가는 그의 방식이 못마땅해도 탓하지 않고, 때로 보고도 못 본 척, 알아도 모르는 척하며 묵묵히 견뎌온 것이 나만의 인내였다고 생각했던 지난 일들이 그에게도 똑같은 시간이었음을 안다. 내 자신 못지않게 그도 내게 하고 싶은 많은 말, 행동을 절제하고 살았음을 짐작한다. 제 주장 쉬이 굽히지 않는 내가 큰 갈등 없이 소신껏 잘 살아온 것도 그가 안과 밖으로 잘 둘러쳐준 울타리 덕분인 줄 안다.

3

결혼은 몸과 몸의 만남만이 아니라, 분리되어 있던 한 쌍이 제 짝을 찾는 작업이다. 그래서 몸으로 만난 결혼은 아이들이 떠나면 끝나지만 영혼으로 만난 결혼은 우리들의 한 생을 아름답게 갈무리하게 해준다. 그런 이들의 삶은 조화롭고 윤기가 있다. 그러나 물신주의에 길들여 사는 우리는 영혼의 짝을 찾는 일에 밝은 눈을 갖지 못한다. 마음을 보기보다는 쉽게 눈에 띄는 겉치레적인 것이 우선 조건이 되기 때문이다. 그래서 신화학자 조셉 캠벨이 그랬던가. 한 사람과 사람이 만나 한평생을 사는 일 자체가 신화라고. 두 사람이 살아가면서 상대를 그대로 봐주고 인정하며 존중하는 일이 얼마나 어렵겠는가. 그럼에도 자신을 죽이고 상대를 북돋아주며 지혜롭게 사는 일은 신성성이 깃들이지 않으면 안 되기 때문이다. 누구에게나 결혼은 시련이고, 이 시련은 두 사람의 '관계'라는 신 앞에 바쳐지는 '자아'라는 제물이 겪는 일이다. 이 '관계' 안에서 인내하며 통찰하다가 둘은 하나가 된다. 그 과정 자체는 의례이며, 이 의례에는 당연히 신성이 깃들이지 않겠는가.

그는 혹독하게 말한다. 결혼으로 맺은 관계를 인생의 가장 중요한 관계로 치지 않는 사람이 있다면, 그 사람은 결혼을 아직 못한 거라고. 결혼은 사회적 관계이기보다는 두 사람 영혼의 주관적 관계이기에 중요한 것은 자신들의 주관적 삶이지 타인의 사랑이, 결혼이 어떻다는 말은 필요치 않다. 사랑은 상대적(객관적)이 아닌, 사랑에 대한 나의 생각과 느낌이 중요하기 때문이다. 그러나 사회적 관계에 인생의 많은 부분을 내주며 사는 현대인들은 당사자들의 내적 관계보다는 타인들과의 외적 관계에 많은 것들을 할애하며 산다. 엄밀하게 보면 결혼은 두 사람의 내밀한 관계가 훨씬 더 소중하고 의미가 있다. 그랬을 때, 개개인의 영혼은 자유로울 수 있기 때문이다. 시련 없는 부부가 어디 있으랴. 같이 살아가면서도 시련의 역경과 영혼의 여유로운 경계를 넘나들다 보니 결혼에도 자유가 내재되어 있다는 것을 알게 되었다. 그 지점에 다다르니 비로소 인생이 살만한 가치가 있다는 걸 알게 되고, 그래서 가끔 생은 감탄이고 축복이고 경이롭다는 것을 체험하기도 한다.

이즈음엔 세상사로 티격태격 하다가도 산행길에 오르면 그는 내가 잘 따라오고 있는지, 불편한 데가 없는지 챙기느라 자주 뒤돌아본다. 바위에 오를 땐 손을 잡아주고, 춥다고 말하면 옷을 꺼내 입혀주기도 한다. 그런 그의 보살핌을 받을 때마다 두 사람 사이에서 그의 존재를 확인한다. 어쩌면 그는 늘 내 생의 동반자가 되어왔었지만 그의 허물만 보던 내 눈이 가려져 깨닫지 못하고 있었을 것이다. 오늘은 그 고백을 해볼까. 조금 멋쩍어도 농담처럼, 옆에서 가장 든든한 반려자로 살아온 그에게 들려주는 최고의 찬사 한마디를 날려볼까.

호랭이 물어갈 인간

타고 난 성격 탓인지, 느긋한 인생관 탓인지 그 이유를 정확히 짚을 순 없지만 나는 대부분의 일을 빨리 해내지 못한다. 단순한 살림살이를 하는 일도 느릿하게 내 몸의 리듬대로 움직이니 다른 사람은 설거지하는데 십 분이 소요된다면 나는 그 배가 필요하다. 몸이 아닌 머리로 하는 일이야 남들과 별로 다를 게 없겠지만 움직임이 민첩하지 못하니 둔하게 보이기도 할 것이다. 그러나 이런 단점을 고민하거나 염두에 두지 않기 때문에 고칠 생각도 하지 않는다. 음양의 조화 속에 이루어지는 세상 이치가 그렇듯, 둔한 내 움직임에는 장단점이 공존하기 때문이다. 느린 사람들은 비교적 꼼꼼해서 실수가 적다. 그야 물론 남들보다 더 많은 시간과 공력을 들였으니 당연한 결과겠다. 그렇다 해도 속전속결이라야 능력 있는 사람으로 취급받는 이 시대에 살면서 좀처럼 남의 눈에 띠지도 않으니 때로 퇴보하는 인간이 아닌가 생각할 때가 있기는 하다. 사회생활에서 요구하는 것은 빠른 시간 내에 정확한 일 처리를 하는 것이기 때문이다.

그 느린 습관은 어린 시절부터였지 싶다. 바쁜 농번기 철이 되면 어머니는 새벽부터 일어나 정지에서 채전으로, 우물가로 달려다니셨다. 그 와중에도 나는 측간에 가 앉으면 들고 있던 종이쪽의 글씨들을 닳도록 읽고, 흙벽 사이로 새어 들어오는 햇기운을 잡아 갖고 놀거나, 떠다니는 먼지들을 움켜쥐다가 어머니의 고함소리를 듣고서야 엉덩이를 들어 냄새나는 그곳을 나오곤 했다. 그런 나를 본 어머니의 일갈은 한결같았다. "이 호랭이 물어갈 놈의 가시내야, 똥 집어먹고 자빠졌냐?"

오늘도 그랬다. 새해 들어 수업계획서를 작성하고 몇 가지 서류를 만들어 학교에 다녀오는 길이었다. 그것도 마감일에 간신히 맞춰 들이밀고 안도의 한숨을 쉬며 느긋하게 집으로 향했다. 일상이라는 생활 리듬이 그렇듯, 기간에 맞춰 급한 일들을 해결하고 다소 시간이 여유로워지면 밀어뒀던 일들이 하고 싶어진다. 비디오 보기, 책상 위에 쌓아둔 밀린 책 보기, 그리고 내 일 처리하느라 며칠간 가족들에게 소홀한 미안함을 상계하기 위해 시장 보기 등속이었다. 먼저 비디오 가게에 들러 '우리들의 행복한 시간'과 '가족의 탄

생'을 빌렸다. 과연 우리들의 행복한 시간은 어떤 시간이며, 새로운 가족은 어떻게 탄생되는지 미리 상상하며 가게 밖으로 나왔을 때였다.

"아이고, 이 호랭이 물어갈 년아! 언제 다 팔라고 그러냐. 대충대충 퍼줘."

짧은 겨울 해가 지고 의뭉스런 어둠이 내색 없이 스며드는 저녁 시간이었다. 길가에 좌판을 펴고 앉아있던 아낙네들도 나머지 물건들을 떨이로 팔고 서서히 일어서서 집으로 달음박질 할 때가 된 것이다. 거칠 것 없이 소리치는 오십대의 여자는 제 물건 떨이로 팔 손님 잡으랴, 옆에 있는 리어카에 실린 생선도 팔랴 이리저리 오가며 분주했다. 그 광경에 시선을 붙잡아맨 것은 무엇이었을까?

가까이 다가가 들여다보니 리어카엔 갈치와 황석어와 생태가 절반도 팔리지 않은 채 남아 있었다. 걸걸한 목소리로 외치던 여자는 나를 보자 만원에 세 마리 팔던 갈치를 네 마리 주겠단다. 가족이 좋아하는 갈치이니 그걸 사고 싶긴 하나 크기가 작아서 선뜻 내키지 않았다. 구이를 하려면 좀 더 큰 것이어야 했다. 더구나 갈치는 싱싱하지 않아 내장이 삐져나온 것들이 많았다. 여자의 태도로 보아 갈치를 손질해줄 것 같지도 않았다. 순간, 번거롭다는 생각이 들었다. 몇 걸음만 옮기면 잘 손질된 갈치를 살 수 있을 거란 생각에 돌아서려 했다. 그때였다. "이 호랭이 물어갈 년아, 어쩌자고 대낮부터 술을 퍼먹고 그려. 이것 오늘 못 팔면 어쩐다냐." 무엇이 나를 붙들었을까. 여자의 푸념이 끝나기가 무섭게 나도 말했다.

"아줌마, 갈치 주세요. 근데 토막 좀 내주세요." "오메 어쩔거나. 저것이 칼질이나 헐 수 있을랑가 몰라. 아야, 어서 와서 이것 좀 손질해라." 여자는 망설이던 내가 그냥 돌아설까봐 조바심치는 눈치였다. 갈치 네 마리를 집어 주인으로 보이는 젊은 아낙 앞으로 던졌다. 어둠에 가려 표정을 알 수 없던 아낙이 도마를 꺼내며 휘청거렸다. 피식, 흔들리는 자신의 몸에 자조적인 웃음을 흘리는 아낙의 얼굴을 그때서야 쳐다보았다. 서른 초반의 나이. 도마는 깨끗했다. 오늘은 한 번도 사용되지 않았던 것이다. 굼뜬 동작으로 아낙이 그 위에 갈치를 올려놓았다. 길이가 긴 갈치는 좀체로 반듯하게 놓이질 않았고, 갈치 네 마리를 도마에 올려놓고 가지런히 잡아보려는 아낙은 자꾸 헛손질을 해댔다.

"저러다 손을 베면 어쩌죠?" 나는 걱정이 되면서도 그냥 가져가겠다는 소리는 선뜻 나오지 않았다. "젊은 것이 오죽허면 대낮부터 저렇게 술을 먹었을 것이요잉?" 여자가 미안한 듯이 내게 아낙의 상황을 이해시키려 했다. "술, 마실 수도 있지요. 너무 야단 치지 마세요." 그리고 그 다음 말들은 내 목울대로 삼켜버렸다. 어느 시인의 시 한 구절같이 잡지의 표지처럼 통속한 게 인생이라고 말해버리면 서른 초반의 여자에겐 너무 가혹한 것이겠지. "그렇지요? 술

마실 수도 있지요잉? 에이 한 마리 더 줘." 아낙이 혀 꼬부라진 소리로 말했다. 한순간일망정 내 마음을 그녀가 읽어서였을까. 자신을 이해해주는 내 말 한 마디에 헛손질하던 아낙은 원군을 얻은 듯한 기분인지 갈치를 한 마리 더 얹어주었다. 더 준다는 걸 뿌리치지 못하고 속없이 나는 갈치 다섯 마리를 들고 집으로 돌아왔다.

저녁 준비를 하며 갈치를 다시 다듬었다. 갈치는 내장이 삐져나오기도 하고, 크기도 일정하지 않았으며 칼자국은 한없이 비뚤어져 있었다. 그것들을 하나하나 씻으며 나는 아낙의 마음을, 그녀의 어깨에 얹힌 생활의 무게를 만지는 것 같아 매우 후회스러웠다. 어차피 집에 와서 손질할 거였으면 까탈 부리지 말고 그냥 가져올 걸. '네가 호랭이 물어갈 인간이다.' 누군들 그런 순간 없이 완벽하게 살아갈까마는 내 앞에서 헛손질하며 느꼈을 젊은 아낙의 비애스러움을 생각했다. 산다는 건, 때로 취하기도 하고 비틀거리기도 하고, 헛손질이 잦기도 하는 남루한 것이라지만 그래도 오늘밤은 젊은 아낙의 헛손질이 자꾸 눈에 밟혀 쉬이 잠들지 못할 것 같다.

살아있는 날들의 행복 2

– 어느 봄날의 고백

애야!

경칩 날 이 무슨 조화속이라니. 사십 몇 센티의 눈이 내렸다니 봄을 시샘하는 겨울의 훼방치고는 너무 지나치구나. 동면에서 깨어나 세상 밖으로 얼굴을 내민 개구리들은 얼마나 당혹스러웠을까. 자연의 순리도 믿을 수 없다며 서둘러 땅 속으로 숨어들었겠지. 그래. 삼월에 내린 눈으로는 한 세기 동안 최고였다니 세상이 어떻게 변해가는지 조바심치지 않을 수가 없구나. 흘러가는 모든 것들은 변화하고, 그 변화로 인하여 우리가 오늘의 문명을 누리며 살 수 있는 것이지만 설령 그렇다 해도 변화한다는 것에 대한 두려움이 생기는구나. 이제는 변화가 새로운 세계에의 흥미나 호기심을 갖게 하는 게 아니라 행여 삶을 흔들며 지나가는 폭풍이 되지 않을까 몸을 낮추게 된다. 작게는 사사로운 일에서부터 크게는 자연과 인간의 모든 일에 그 이치가 적용되는구나. 겨우내 자신의 생을 준비해서 고개를 내민 저 개구리의 낭패감처럼 나는 그러고 싶지 않아 자꾸 망설이고 쭈뼛거리는 자신을 느낀다. 그래서 이 순간에는 유연하게 흐르지 못하는 머무름에 대해 비판을 일삼던 예전의 패기가 내 것이 아니었던 것 마냥 까마득한 과거처럼 느껴진다.

애야!

봄날은 그렇게 무심히 가고 또 가서 나의 많은 것들을 변화시켰더라. 누가 무슨 말을 해도 흥분하지 않던 이성은 감정으로 자리바꿈을 하고, 묵덕보살이라는 별명을 지녔던 신중함이나 과묵함 대신 소소한 일에도 잘 흔들리고 말을 쏟아내는 수다쟁이가 되어버렸다. 어쩌면 생애 가장 고독했을지 모를 시절을 보내면서도 세상에 대한 두려움 없이 용기백배해서 살았는데 이제는 그렇지를 못하는구나. 너, 생각나니? 엄마가 요란한 소리를 내지 않고 얼마나 조용하게 살아왔는지. 네들에게 잔소리하지 않으면서도 할 이야기 다 전하고 상대를 움직이는 설득력을 가지고 있었잖니? 그런데 이제는 큰소리도 잘 치고 화도 내고 참을성도 없어졌잖아. 엄마 스스로 그런 자신에게 부끄러움을 느끼면서도 이제는 나이 먹었음을 빙자하여 자신을 합리화시키고 싶어해.

뿐만 아니라 어떤 일을 결정하는 데에도 망설임이 많아졌어. 신중을 기하려는 거라 변명하지만 성공과 실패의 양면을 가정해보면 이제 과감히 선택하기 어렵더라. 세월을 좀 더 경험한 사람의 지혜일까, 소심함일까. 예전엔 무엇이든 신중하게 결정하고 난 뒤엔 다 이뤄냈었지. 그래서 마음먹으면 모든 걸 다 할 수 있을 것 같았단다. 그런데 지금은 아니야. 새로운 일을 시작하려면 몇 번은 더 생각하고 결정해야 해. 능력이 없어서라기보다 패기가 사라져 버린 것 같다. 그리고 자신을 너무 다그치며 살았다는 회한이 이제는 쉬고 싶다는 자책으로 변하면서 자꾸 의욕을 저하시키고 있나보다.

이젠 엄마도 삶이 버겁다는 생각을 가끔씩 한단다. 예림이와 친구의 논술 문제를 결정하면서 많은 갈등을 했다. 엄마가 슈퍼우먼처럼 다 잘하려는 욕심 때문이 아니라 이것저것 해야 할 일들이 많아 자신을 감당할 수 없을 것 같아서였다. 젊었을 때의 욕심은 자신을 발전시키지만 이 나이의 일 욕심은 자신을 망가뜨릴 수 있다는 것을 상기했단다. 이젠 뒷바라지해야 할 네들 말고도 연로하신 할머니며 주변 사람들을 살피며 살아야할 입장이 되어버렸다 엄마가. 사실 엄마 스스로의 일로도 벅찬데 그러다보니 생이 너무 무겁다는 생각이 든다. 젊은 시절의 엄마가 그렇게 용감할 수 있었던 것은 누군가에게 빚이 없어서였다. 아무도 돌봐주지 않았음에도 오뚝이처럼 일어나 스스로 삶을 헤쳐나갔지.

자신만 잘 지켜 가면 되는데 세상에 두려울 게 뭐 있었겠니. 열심히 그리고 성실하게 살면 꿈꾸는 일이 이루어진다는 확신을 가지고 있으니 두려울 것도 없었을 테고. 그런데 지금은 의지하고 기댈 가족도 있고 예전에 비해 부족함이 없는데도 생에 대한 불안감이 더 많아졌어. 인생은 살면 살수록 용감해지고 자신만만해지는 게 아니더라. 더 조심스러워지고 신중하거나 소심해지기도 하더라. 그렇게 강하게 자신을 다그치며 살았는데도 이제는 드라마를 보면서 눈물짓는 것은 다반사가 되어 버렸어. 강함 속에 숨겨진 이 나약함을 네들에게 보이지 않으려 하지만 웬걸 금세 들통이 나곤 하더구나. 최소한 자식보다 약한 부모는 되지 않아야 한다는 생각에 이젠 수정을 가해야할 것 같다.

세상의 이치는 늘 공평하단다. 얻는 게 있으면 잃는 게 생기는 것 아니겠니. 나약해짐의 이면에는 신중한 삶의 지혜가 자리하고 있겠구나. 아무리 많은 세월을 살아내도 다 깨달을 수 없는 것이 삶의 이치지만 나를 관통해간 시간의 흐름만큼 성숙된 삶을 살 수 있겠지. 그리고 엄마에겐 너희들, 세월의 족적처럼 생생하게 존재하는 너희들이 있구나. 베란다의 연홍빛 모과꽃이 가슴을 설레게 하고, 아지랑이 피어오르는 희망찬 봄날에 자신의 내면을 정리하며 딸에게 이런 고백을 할 수 있는 것도 행복한 일 아니겠니, 얘야.

웅숭깊은 이야기

가끔 무등산 아래의 동적골로 산책을 나간다. 그 시간은 어떤 일을 하는 것보다 편안하고 즐겁다. 집을 나서서 큰 길 하나만 건너면 둥두렷하게 솟은 아름다운 산이 눈앞에 나타나고 저만치에 있는 도로의 불빛 덕분에 나무들이 한 방향으로 가지런히 잠들어 있는 모습도 볼 수 있다. 무엇보다도 선선한 바람이 이마를 건드리고 지나갈 때의 기분 좋음이라니. 그 순간 낮 시간에 지친 심신이 움틀거리며 생기를 되찾는다. 뭐라 형언할 수 없는 생에 대한 기쁨과 여유로움이 함께 하는 시간이다. 한 시간 반 정도의 길을 걸으며 이렇게 눈이 즐겁고, 귀가 즐거우니 마음도 즐거워질 수밖에.

그렇게 보내는 시간이 쌓이면서 나는 상당히 무심한 사람임에도 자주 보는 사람이나 몇 가구 안 되는 집들에 대해서 눈길을 주기 시작했다. 풍경 외에도 아기자기한 주변에 관심을 갖게 된 것이다. 한 평 남짓한 주말 농장 입구에는 주인들의 애칭이 쓰인 팻말이 어엿하게 늘어서 있는데, 그 이름들 또한 얼마나 기발하던지 의미를 찾아내는 재미도 있었다. 줄기차게 뻗어가는 고구마 순을 보며 땅속에 묻힌 건강한 알맹이를 상상하기도 하고, 유난히 싱싱하게 자란 상추를 보며 쌈감으론 최고라며 탐하기도 했다. 혼자 걷고, 혼자 생각하며 해찰하고, 혼자 웃으며 노는 재미가 얼마나 쏠쏠하던지, 오지랖 넓게 다른 이들은 이 맛을 모를 거라는 생각까지 하기도 한다. 더구나 동적골 끝 무렵에 있는 사찰 앞에는 '전국에서 열 번째 안에 드는 아름다운 산책로'라는 플래카드가 있을 정도로 예쁜 산책로이니 더 말해 무엇하랴.

그 날도 같은 곳을 향해서 걸었다. 공원을 지나고 다리를 건너 세인봉으로 향하는 길과 나뉘어지는 막다른 계곡 초입에 이르렀다. 그곳엔 작은 정자가 있고 주변에는 운동기구까지 있어 이곳에 온 사람들이 쉬어가거나 머무르는 터다. 정자 위쪽으로는 무등산 계곡에서 흘러오는 냇물이 흐르고 양쪽 산을 이어주는 마지막 다리가 있다. 나는 늘 다리의 중앙에 서서 가볍게 몸을 풀며 흐르는 물소리에 위로를 받기도 하는데, 그 시간이 자신을 얼마나 편안하게 풀어주던가.

늘 하던 대로 작은 다리로 향하다 난간에 앉아 이야기를 주고받는 두 노인을 보았다. 그들은 부채까지 들고 다니는지 몸보시 해달라 달겨드는 모기들을 부채로 쫓으며 이야기에 몰두해 있다. 처음엔 내가 쉬던 지정 장소를 빼앗긴 것 같은 느낌이어서 약간 심술이 나려 했지만 그날은 그냥 내려왔다. 한 번쯤 맨손체조를 빠뜨린다 해서 조금도 억울할 것 없는 나들이니 쿨하게 돌아설 수 있었다. 그러나 다음날도 나는 노인들보다 늦게 도착해 그 자리를 차지하지 못했다. 서로 자기 일에 몰두해 있으니 잠시 함께 있어도 무방하겠는데 나는 다른 사람들이 보는 앞에서 팔을 들어 올리며 배꼽을 드러내는 일이 거북스러웠다. 밤이라 할지라도 달빛이 있고, 가로등이 있으니 그러고 싶진 않았다. 그러나 같은 상황이 삼일 째 반복되자 나는 처음의 생각을 바꾸어 비로소 등을 돌리고 맨손체조를 시작했다. 그래봐야 팔다리 몇 번 들어 올리고 흔드는 것 밖에 뭐가 더 있을까마는.

팔을 들어 올리며 들이마신 숨을 내쉬는 사이, 졸졸졸 시냇물 소리가 끼어들고, 또 그 틈을 비집고 노인들의 이야기가 숨어든다. 아장아장 걷는 아이들이 건반 위를 살포시 걷는 것처럼 물은 서로 얽혔다 풀며 맑은 소리로 흘러갔다. 운동하는 사람들이 거의 다 돌아갔는지 사위가 고요해질수록 물소리는 또랑또랑해진다. 고개운동을 하며 문득 눈에 들어온 시냇물에 달빛이 잔잔한 금빛으로 부서져 반짝인다. 제법 밤이 깊어 가는지 선선한 바람이 한 차례 귓볼을 어루만지며 지난다. 가끔씩 간친스러운 추임새로 장단을 맞추는 노인과 원문을 풀어내는 노인의 이야기 소리도 낮아진다. 그 짧은 시간에 나는 내 귀가 그들에게 향하는 것을 거절하지 않았다. 아무개네 며느리가 시집와서 숭악스럽게 살다가 이혼을 했다는 이야기, 뉘집 아낙네가 병이 들어 앓다가 병원에서도 못 고치고 집으로 돌아왔는데 담방약으로 차도를 보았다는 얘기, 어느 친구의 남편이 젊은 시절 조강지처 버리고 집 나갔다가 병들어 이제야 돌아왔다는 얘기….

사연은 특별하지도 감동적이지도 않았다. 일상에서 쉽게 들었음직한 그렇고 그런 이야기였지만 노인의 입을 통해 나오면 푸근하고 평온하고 애잔한 느낌이어서 저절로 귀 기울이게 되고 미소가 지어지고, 정답게 들리기까지 했다. 나는 기이한 일이라 여겼다. 남의 이야기에는 관심이 없던 내가 왜 노인들의 대화에 자꾸 마음을 두는 걸까. 노인의 무엇이 내 관심을 끌게 하는 것일까. 평범한 이야기들이, 아름답지도 않은 풍문 같은 일상의 일들이 마음에 와 머무르는 것일까. 절반의 어둠에 몸을 맡긴 두 노인의 이야기는 밤하늘의 별들에게 속닥이는 것 같았다. 나는 몸을 돌려 두 노인을 바라보았다. 형체만 보이는 노인의 부채질에는 상대방에 대한 배려와 존중과 숨길 수 없는 애정이 실려 있었다. 그들은 서로에게 간직꾼이 되어주고 있었다.

바쁜 일에 치여 며칠 동안 산책을 나가지 못했다. 얼마나 지나서였을까. 저녁공기에 가을바람이 섞여들 즈음이었다. 바람난 처녀 우물가가 그립듯 나도 동적골이 그리워져서 큼큼 가을 냄새 찾으며 다시 나선 밤이었다. 계절마다 조금씩 다른 저녁 빛을 눈으로 코로 귀로 음미하느라 느리게 걷던 중이었다. 저만치 두 노인이 나를 향해 오고 있었다. 그들은 이미 목적지까지 산책을 갔다가 돌아오는 중이고 나는 공원을 향해 올라가는 중이었다. 두 노인은 지팡이를 가운데 두고 양쪽 끝에서 잡고 나란히 걸어왔다. 공교롭게도 가로등 앞을 지나칠 때 우리는 서로의 얼굴을 보았다. 깊게 파인 눈, 움직이지 않는 눈동자, 그 중 한 노인은 장님이었다. 주로 이야기를 하던 할머니였다. 그 순간 나는 지팡이로 한 대 얻어맞은 듯 멍해졌다. 그들이 내 곁을 지나가자 나도 모르게 내 몸도 따라 돌아섰다. 작고 말라 보잘 것 없는 몸의 한 노인과 키가 크지만 구부듬한 몸피를 가진 할머니가 들고 가는 지팡이가 주장자로 보였다. 서늘하도록 아름다운 주장자였다.

혼자 걷는 일도, 자연과 벗하며 살아가는 일도 모두 아름답다. 그 중에서도 사람과 사람이 품어 안고, 서로 등을 밀며 끌어주는 것처럼 아늑하고 훈훈한 곳이 또 있을까. 사람이 지어내는 향기가 그리운 세상, 공원으로 내딛는 걸음마다 방금 본 노인들의 모습이 새겨진다. 사람에 대한 그리움이 샘물처럼 웅숭깊게 솟아나던 밤이었다.

문

실존과 초월, 주체와 타자, 안과 밖, 정신과 몸, 모든 경계에 이를 때 우리는 문을 통해 넘나들고 때로 양존하는 순간을 맞기도 한다. 그래서 세계는 온통 문이다.

그 문들을 통해 한 세계에서 다른 세계로 가는 길 또한 무수히 많다. 우리는 수많은 문을 통과하며 살아가지만 똑같은 문은 없다. 같은 문을 통과해도 그 경험은 매 번 다르다. 매 순간 변화하는 세계의 사물들은 비슷한 것 같아도 모두 다르기 때문이다. 한 사람의 긴 생의 여정에서, 크고 작은 통과제의를 거칠 때마다 문을 통하지만 우리는 자신이 드나들었던 문들을 일일이 기억하지 못한다. 다만 그 길을 지나며 변화하고 나아갈 뿐이다. 때론 기억하지 못한다는 것이 얼마나 큰 축복이던가.

사립문(대문)

동짓달 깊은 밤, 잠에서 깨어나다 꿈결인 듯 사립문 여닫히는 소리를 듣기도 했다. 귀를 기울이면 문을 흔들고 지나가는 바람의 소리도 함께 들렸다. 아침에 보면 사립문은 밤새 내린 눈을 맞아 몇 차례 바람결에 털어내기를 반복하면서도 의연히 제 자리에 서 있곤 했다. 어린 시절, 마루에 걸터앉아 두 다리를 흔들며 들일 나가신 어머니를 기다리며 하염없이 바라보는 것이 사립문이었다. 어머니는 그 작은 문을 열어 나가셨고, 그 문을 통해 들어오실 테니까. 그리 높지도 않고 넓지도 않아 누구나 그 너머를 들여다보고, 건너다니고 여닫을 수 있는, 있으나 없으나 별무소용인 것 같은 문이었다. 공간적으로 안과 밖의 경계를 가지고 있으나 오히려 양쪽이 다 공유해도 좋은, 사립문만의 열린 세계였다. 사물이라는 실체를 가지고 있으면서도 그 너머의 대상까지 넘나들 수 있는 통 큰 자유를 가진 문이었다.

어린 시절의 기억을 더듬어 보면, 싸리나무는 7월 즈음 주로 보랏빛의 애잔한 꽃을 피운다. 꽃이 지고 가을이 되면 어른들은 싸리나무를 베어 새로운 사립문을 세웠다. 이를테면 싸리로 만든 사립문의 수명은 거개가 1년인 셈. 1년이 지나면 비바람, 눈보라에 낡아 엮었던 새끼줄이 끊어지고 매듭이 풀려 사립문은 모양이 일그러지고 구멍도 생겨 존폐위기에 처하게 된다. 문틀 자체가 굵은 대나무나 고만고만한 통나무를 양쪽에 세워놓고 싸리문짝을 매달아두기 때문에 정밀하거나 튼튼함과는 거리가 멀기 때문이다. 그래서 1년쯤 지나면 그 작은 문이 더 허술해져 개들도 드나들 구멍이 생긴다.

사립문이야 애초 내 집 마당에 들어서는 사람을 감시하거나 막아보겠다는 의도는 꿈에도 없었다. 이 집은 내 집이니 그리 아시오, 정도의 자기 영역 표시가 전부였다. 살짝 닫아두거나 열어두는 차이로 집에 사람이 있거나 외출중이라는 의사나 전달해주면 그 역할이 다였다. 그러니 타인을 경계하거나 밀어내겠다는 의도는 애당초 없었다. 그래서 지나는 사람이 맘만 먹으면 얼마든지 그 집 안을 다 들여다 볼 수 있었다. 어쩌면 누가 봐도 우리는 이렇게 사요,라고 자신의 일상을 투명하게 드러낼 만큼 정갈한 시대의 산물이었을 것이다. 식구들이 마루에 앉아 밥을 먹고, 마당에 널어놓은 덕석의 농작물을 흘깃거리고, 빨랫줄에 널어놓은 옷으로 며느리 솜씨를 훔쳐보고, 잿간에서 괴춤을 올리며 나오는 주인도 볼 수 있었으니. 그저 사람 사는 모습을 그대로 다 보여도 되는 시절이었으니.

어찌 사람뿐이랴. 바람이 불면 저절로 닫히고 일 없을 땐 한낮에도 늘 열려 있는 문. 드나들고 싶은 사람은 언제든 드나드시오. 주인과 객이 항상 자유로우니 문도 자유로웠다. 그러니 열리고 닫힘에 제약이 없고 모두 품어 안았다. 이를테면 경계 없음, 무장해제였다.

이제 세월 따라 사립문의 숙명도 바뀌었다. 싸리꽃 만발하던 고향 산천도 변했지만 그 사립문 자리엔 햇빛에 광택을 뽐내는 파란 페인트를 입은 대문이 떡 버티고 있다. 어디 변한 게 문 뿐이랴. 내 유년의 내력을 죄다 꿰고 있던 잎이 무성했던 감나무는 흔적도 없이 사라졌고, 그 감나무로 대신했던 담은 벽돌이 쌓여져 있다. 내 청년기까지 울도 담도 없어 마루에 앉아 시선을 멀리 두면 바다는 밀물 썰물에 몸살을 앓으면서도 시침 떼는 모습이 그림처럼 고요히 두 눈에 담겼는데, 이제는 삼면으로 둘러쳐진 시멘트 담벼락에 가려 아무것도 보이지 않는다. 오직 벽돌 담장 사이로 햇살에 반사된 파란 대문이 그 위용을 뽐내고 있을 뿐이다. 파란 대문과 함께 그곳을 드나드는 사람들의 마음에는 벌써부터 담이 쳐지고 문이 닫히고, 잠금장치도 걸어졌을 것이다. 경계 태세 완료, 외부인은 함부로 드나들지 마시오를 상징하는.

그곳을 텃자리로 살았던 사람들의 역사가 사라지듯, 생겨나고 스러져가는 것의 순환을 누가 막을 수 있겠는가. 다만 오랜 시간 내 기억에 존재해 있던 사립문의 자유를 닮으려 몸부림치는 내가 스스로의 경계를 풀고 파란 대문을, 내 의식의 문으로 받아들이기까지는 오랜 시간이 흘러야 할 것만은 분명하다.

일주문

어느 사찰이든 일주문 없는 절은 거의 없다. 세간 집의 대문처럼 사찰에 들어가려면 일주문을 통해야 한다. 그래서 절집에 들어서는 이들에겐 통과제의의 제 1관문이라고 한다. 일주문 안과 밖은, 세간과 출세간의 경계지점이다. 그 문을 지나며 세간의 시끄러움이나 알음알이들을 하나씩 내려놓는다. 절집의 예법대로 고요하게 비우고 내려놓기를 염원하는 것이다. 그렇게 얇은 허물벗기를 통하면 산과 자연과 우주가 하나임이 마음에 들어오기 시작한다. 자신 안에 꽉 차 있던 공간이 조금씩 자리를 비우기 시작하면 새로운 세계가 자리바꿈을 하게 된다. 그래서 스님들은 일주문을 통과하면 혈육까지도 잊지 않으면 안 된다 했던가. 일주문을 경계로 차안에는 온갖 상像으로 이루어진 현상적 세상살이가 있고, 피안에는 그 상을 지워가며 본질을 찾아가는 초월과 이상의 세계가 존재한다.

그런 알음알이 때문인가. 가끔 처음 들어서는 사찰의 일주문을 통과하면서도 기시감에 몸이 오싹해지곤 한다. 세속에서 살면서 비바람 들이치지 않게 마음자락 단단히 단속해도 놓치고 마는 생의 비의 같은 것, 어쩌면 그것들이 운명처럼 다가드는 순간일지도 모른다.

모든 문이 그렇듯 일주문도 상징적 통과의례의 문이다. 그래서 일주문 안은 세간을 지향하는 이들과 출세간을 지향하는 이들이 모일 수 있는 공간이 된다. 부처와 중생이라는 경계를 무너뜨리고 잠시 자신을 놓을 수 있는 곳이 절간이니. 깨달으면 피안이 되고, 현실의 벽에 갇혀 허우적거리면서도 그 삶을 놓지 못하면 차안의 사람이 된다. 누가 피안을 원하지 않으랴. 각자 제 삶의 무게가 무거워, 카르마의 두께가 두터워 피안의 세계에 한 발 다가서지 못하는 것일 뿐. 마음 한 번 돌이키면 자유를 구가할 수 있다 했는데, 본래면목 찾아가는 마음의 일주문을 쉽게 넘어서지 못한다. 폭염의 삼복더위에 세간 일일랑 잠시 내려놓고 일주문 안 절집 도량에 앉아, 몸과 마음을 부려놓고 시원으로의 여행 길 나서보고 싶다.

내 안의 문

한 사람에게 있어서 가장 중요한 문은 자신 안의 문이다. 이름하여 이니시에이션. 누구나 태어나서 죽음에 이를 때까지 알게 모르게 수많은 성장의식을 치르게 되는데 그 문은 숙명처럼, 일생 동안 지나야할 과제이며 또 응당 거쳐야 하는 의례이기 때문에 피해갈 수도 없고 피해서도 안 되는 마음의 문이다. 사람은 수많은 관계 속에서 많은 경험을 하며 사는 동안 보이지 않는 문들을 다 지나쳐야 하기 때문이다. 똑같은 사건을 맞으면서도 누구는 절규하고, 누구는 아프지만 의연하게 받아들이기도 한다. 아픔이라는 문의 크기는 같은데 그 문을 통과하는 사람의 마음 크기에 따라 다르게 맞아

들여서다. 생의 변곡점에서 누구나 통과 제의의 문을 마주치지만 각자 자신이 가진 것만큼 자유롭게 열어줄 수도 있고, 폐쇄시킬 수도 있다. 간혹 어떤 이는 꼭꼭 닫아걸어 자신 속에 가두고 살기도 한다.

일생 동안 우리는 수없이 많은 이니시에이션을 지혜롭게 지날 때 삶도 성숙해진다. 따라서 이 마음의 문은 가장 솔직하게 그 사람을 그대로 반영하며 가시적으로 보이는 수많은 문들보다 더 복잡하고 중요하다. 어쩌면 숙명처럼, 한 사람의 모든 생각과 행위의 총체를 이끌고 있기 때문이다.

자신을 잘 아는 이는 진정 자유로운 문으로 향하는 길목을 알고 있다 할 것이다. 자신 안에 있는 수많은 문들의 문턱 높낮이를 가늠할 줄 아는 이는 자신의 삶으로부터 단단해질 수 있기 때문이다. 그래서 자유를 꿈꾸고 그 자유를 찾아 누릴 줄 안다. 누구나 자유를 찾고자 하면서 나아가지 못하는 모순은 인간의 역사를 거듭하며 자유로부터 너무 멀리 와 있기 때문이다.

사방이 벽으로 가려진 감옥에 살면서도 자유로운 사람이 있다. 반면 드넓은 들판 한 가운데에서도 포박당한 듯 옴짝달싹 하지 못하는 사람도 있다. 공초 오상순은 자유롭게 살았으면서도 죽음에 임했을 때, 넘쳐나는 자유가 오히려 자신을 자유롭지 못하게 했다고 말했다. 기독교인이던 그가 절에 가서 임종을 앞두고 깨달은 자유란 시공간의 자유가 아닌 자신이 지니고 있는 내면의 자유였다. 신을 좇아 사는 것 또한 종속된 자유라는 것을 그때 깨달았을까. 누구나 품고 있을 내면의 자유는 대상과는 상관없는 문제일 테니까. 타인의 구속은 벗어나면 되지만 자신이 스스로 만든 구속은 어찌할 수 없는 것이니까. 그래서 인간은 스스로를 구속하는 문을 닫아걸고 외로워하는 존재가 아니던가.

자유를 찾아 그 문을 만나길 열망하면서도 자유는 아주 가까이, 자신 안에 있다는 것은 쉽게 통찰하지 못한다. 자기 안의 문을 만나기가 쉽지 않기 때문이다. 그래서 마음이 자유로운 이는 이미 자신을 아는 사람이며, 아무리 큰 문턱이 앞을 막아도 자유롭게 넘나들 수 있다. 누구나 자신 안의 문은, 수많은 문 중 단연 넘어서기 어려운 문이다. 그렇다면 내 안의 문은 어떤 크기와 어떤 모양으로 존재할까.

밥 삼매경

엊그제 설날이라고 한 것 같은데 벌써 정월 보름이란다. 유년의 기억 속에는 눈 쌓인 장독대에 김이 모락모락 나는 갓 쪄낸 찰밥 시루가 놓여 있다. 열 나흗날 저녁때가 되면 어머니는 갖가지 나물과 오곡 섞은 찰밥을 지어 저녁을 먹고, 아이들이 쥐불놀이 하러 나가는 시간에는 찹쌀가루로 전 부칠 준비를 하셨다. 휘영청 밝은 달빛 아래서 강강수월래를 하며 한바탕 놀다가 슬그머니 집으로 돌아와 보면 어머니 혼자 곤로 앞에 앉아 지지직거리는 부침개를 만들고 계셨다. 밥 먹고 돌아서면 배가 고픈 한창 때였으니 어머니 옆에 쭈그리고 앉으면 그 냄새만으로도 군침이 절로 돌았다. 너스레를 떨거나 침을 삼키며 들여다보고 있다가 그거 하나 얻어먹고 마당을 나설 때의 포만감이란 이루 말할 수가 없었다.

절에서는 정월 대보름을 설날보다 크게 여긴다. 한 해의 시작이니만치 1년 동안의 무사함을 비는 의미에서 초사흘부터 시작하는 기도를 회향하는 날이기 때문이다. 모처럼 마음 내어 나도 기도에 동참했다.

점심 공양 시간이었다. 나는 가끔 절에 가기 때문에 가능하면 전각을 모두 돌아보고 난 후에 공양간으로 가곤 했다. 그날도 그랬는데 늦게 가는 바람에 밥이 떨어졌단다. 누군가 밥을 하고 있는 중이니 조금 후에 오라고 했다. 절 주변을 한 바퀴 돌며 산도 구경하고 나뭇가지에 울룩불룩 새싹이 뒤채는 모습도 보다가 다시 공양간에 가보았다. 출입문 입구에 몇몇 보살들이 새로 지은 밥을 솥째 놓고 맛있게 먹고 있었다. 나를 본 그들 중 한 사람이 밥솥에 있는 밥을 먹으면 된다고 말했다. 시장기가 도는 중이었고, 보름이니 먹음직스럽게 담겨있을 찰밥을 예상하며 밥솥을 열었는데 온기도 나지 않는 식은 밥덩이가 눈에 들어왔다. 순간, 밥을 먹고 싶은 마음이 완전히 사라졌다. 그대로 솥을 닫고 밖으로 나왔다.

집에 돌아오는 길에 남편에게 그 말을 했다. 당신이 늦게 왔으니 그렇지. 그래도 어떻게 그럴 수 있어? 그 사람들은 공양간에서 일했으니 따뜻한 밥을 먹어야 하지 않아? 공양간에 있지 않은 사람은 찬밥을 먹어야 해? 남편의 말에서도 그의 불편한 의도가 읽히기에 더 이상 항변은 하지 않았지만 밥을 먹지 못한 섭섭함이 남은 건 어쩔 수 없었다. 아니 차라리 슬픔이라고 하는 게 더 맞는 감정이었다. 내게 생긴 그 감정을 나는 받아들였다. 그게 내 자신의 표현방식이니까. 사실 밥을 못 먹은 것보다 더 큰 서운함은 그 밥으로 내 존재 가치가 우습다는 걸 증명했기 때문일 것이다. 내가 따뜻한 밥 한 그릇도 못 얻어먹는 홀대 받는 사람이었나. 인간은 누구나 제 입에 들어가는 것이 크고 좋은 것이길 바라는 이기적 존재이다. 그걸 알면서도, 사람에 대한 기대를 하지 않는다고 하면서도 어느 순간 나 역시 그 경계에서 넘어가고 만다. 그래서 가끔 사람살이에서 섭섭하고 아쉽고 야속하기도 하질 않던가.

삼일 후, 동인 모임에 갔다. 약속시간에 늦을 것 같아 나는 12시 20분까지 가겠다고 전화를 했다. 그리고 도착해보니 식사가 끝난 상태였다. 그 순간 이 자리에 오지말걸 하는 후회가 생겼다. 이번에도 불참하면 너무 오랜 공백이 있을 것 같아 어렵게 시간 내어 달려왔더니 뭐가 그리 급해 식사를 끝냈을까 싶었다. 시간이 없어도 그들과 함께 점심이라도 먹고 와야겠다는 생각을 한 내게는 무엇인가로 한 대 맞은 것 같은 충격이었다. 늘 작품 합평회를 하고 점심을 먹는 모임이었으니, 그 정도 시간은 기다려줄 여유가 있지 않겠는가. 그들에게 나는 어떤 존재일까.

혼자 팥죽 한 그릇을 따로 시켜 먹으면서 왠지 섭섭했다. 그들과

나 사이에 알 수 없는 벽이 있는 것처럼 느껴졌다. 사람살이라는 게 이런 건 아닐 텐데…. 20년을 함께 해온 동인들인데도 그 정도의 배려가 없다면 내게는 물론이고, 그들에게도 무엇인가 잘못이 있을 것이다. 서운함과 자기 반성이 교차하면서 팥죽 먹는 시간이 그리 편하지 않았다. 관계라는 게 함께일 때 이루어지고 이어지는 것이지 누구 한 쪽의 노력만으론 힘이 빠지고 그러다가 허방이 되기 쉽다. 일이 많아 지쳐있는 날에도 나를 기다리는 그들에게 도움이 되고 싶어 시간을 내어 달려가기도 했다. 그 마음이 서로에게 전달되지 않았다면 관계에서 소통이 이루어지지 않았음이다.

작품 이야기를 하면서도 나는 순간순간 밥 생각에 빠지면서 요즘 이상하게 밥에 예민해 있는 자신을 보기도 했다. 밥, 밥, 무엇일까? 그러다 문득 그들에게도 까닭이 있었을 것이라는 데에 생각이 미쳤다. 식당에서 만났으니 주인의 눈치도 보였을 테고, 누군가 시장기를 참지 못해 먼저 먹자고 했을 수도…. 그럭저럭 내색 없이 작품 이야기를 마쳤다.

합평회를 끝내고 돌아오는 길에 함께 탄 차 안에서 한 동인에게 내 섭섭함을 이야기 했다. 그의 대답은 바쁜 사람이니 시간을 절약해주기 위해 나를 기다리는 동안 식사를 먼저 마치자고 했단다. 세상에! 사람과 사람의 생각 차이는 끝 간 데 없는 것이었다. 나는 동인들과 담소를 나누며 함께 밥이라도 먹고 오겠다고 간 자리인데, 그들은 작품 볼 시간을 위해 점심을 먼저 먹은 것이다. 모두가 자신 앞의 문제를 가장 소중하게 여긴다는 것을 알면서도 씁쓸한 감정이 생기는 것 또한 어쩔 수 없었다.

밥은 사람을 살게 하는 가장 근본적인 양식이다. 밥을 먹지 않고 사는 사람은 없다. 옛날부터 집에서 자는 사람의 밥은 없어도 밖에 있는 사람의 몫은 챙겨두었다. 그것은 집에 없는 사람일지라도 밥을 챙기며 그 사람의 존재 유무를 확인하는 일이다. 오랫동안 돌아오지 않고 있어도 기다리는 사람의 밥을 아랫목에 꼭 묻어두었던 것도 그 때문이다. 어디 그뿐이랴. 현실에선 밥 한 그릇 함께 먹고 나면 비즈니스도 성사되고, 연인이 되기도 한다. 서먹한 관계가 해소되기도 하고, 그 집 식탁에 들어선 사람은 가족으로 받아들인다는 암묵적 약속이 되기도 한다. 그런 만큼 밥 한 그릇으로 인심이 나거나 박탈감을 느끼게도 한다. 인간이 살아가는 데 가장 중요한 것이면서도, 가장 찌질한 감정을 불러일으키게 하는 것이기도 하다.

집에 돌아와 주차를 하고 출입문으로 걸어오는 짧은 시간, 나는 파아란 봄 하늘을 보며 혼자 파안대소 했다. 자신에게 보내는 부끄러움과 미묘한 웃음이기도 했다. 밥, 도대체 밥이 무엇이길래 내 20년 동인을 무화시키려 했을까? 내 20년의 흔적을 단절시키려고 했을까? 요즘 내가 뭔가에 예민해져 있는 건 아닌가? 혹여 가난한 시절에 제대로 먹지 못한 밥에 대한 여한이 나를 편협하게 하고,

밥 삼매경에 들게 한 건 아닌지. 차라리 그런 것이었으면 여북이나 좋을까. 타자에 대한 관심이 사라지는 관계성, 혹은 변화된 사람의 문제가 아닌, 나만의 문제라면 내 생각을 바꾸면 될 테니까. 이렇게 말하고서도 나는 여전히 씁쓸하다.

2
어머니의 기도

보랏빛 조끼로 남은 당신

당신을 생각하면 시나브로 눈물이 솟구칩니다. 그 물기가 응집되려고 가슴이 뜨거워지면 애써 생각을 돌리거나 스스로에게 딴지를 걸어도 이미 생겨버린 눈물을 억제하지는 못합니다. 그럴 때마다 자신을 책망하게 됩니다. 왜 나는 당신을 사랑하지 못하는지, 매를 맞는 심정으로 아프게 자신을 돌아봅니다. 그러나 사랑은 생각이나 노력으로 되는 게 아니라는 것을 알만큼 나도 인생을 살았습니다. 사랑의 눈빛 한 번이, 사랑한다는 몸짓 한 번이, 백 번 사랑한다고 말하는 것보다 더 효과적이라는 것을 아니까요.

내가 더욱 절망하는 건 당신과 나의 힘으로는 우리의 사랑을 완결할 수 없다는 느낌 때문입니다. 너무 많이 사랑해서 괴로운 사람도 있지만 우리는 사랑해야 하는데 사랑하지 않아서 괴로운 사이입니다. 인간이 유한한 존재이듯, 그 유한성이 나를 더 슬프게 합니다. 왜냐하면 우리도 자꾸만 쇠해가고 있어서 우리의 인연도 언제까지일지 기약할 수 없기 때문입니다. 인연이 다하면 당신이 먼저 떠나고 나도 떠나서 언젠가는 흔적도 없이 소멸되겠지요. 우리가 존재하는 사이 우리의 사랑을 확인하고픈 내 헛된 욕심이 나를 또 슬프게 합니다. 늘 당신의 사랑을 확인하려다 좌절하고 말아 나는 이제 체념의 단계에 이른 건 아닌지 모르겠어요. 사랑이 필요한 유년의 결핍은 그걸 채우지 못하면 언제까지나 빈 동공으로 남는 모양입니다. 사랑 타령을 하기엔 징그러운 이 나이에도 여전히 당신의 사랑을 갈구하고 있는 자신을 보며 스스로도 어처구니없어 하니까요.

방금 당신을 배웅하고 돌아와 보니 거실 탁자에 있는 보라색 조끼가 덩그마니 눈에 들어옵니다. 또 다시 울컥 눈물이 쏟아집니다. 그 눈물에는 많은 뜻이 스며 있을 것입니다. 좀 더 따뜻하게 사랑하지 못한 죄책과 혹여 당신의 존재감에 상채기가 남지 않았을까 하는 안타까움 때문입니다. 당신이 나와 함께 지내는 동안에도 우리는 손발이 맞지 않는 두 사람이 발 묶고 달리기를 하는 것 같았습니다. 내가 이야기를 하고 싶어 하는 내용에 대해서 당신은 입을 다물고, 그렇잖으면 바쁜 나는 대부분 컴퓨터 앞에 앉아 뭔가를 채워

넣느라 용을 쓰곤 했으니까요. 그럴 때, 당신은 거실에서 굽은 허리를 더 구부리고 앉아 침침한 눈으로 그 작은 바늘 코를 찾아 한 땀 한 땀 옷을 지으셨지요. 그러니 내 마음이 얼마나 슬프겠어요? 조끼가 꼭 당신 모습 같아 나는 조용히 가슴을 두드립니다. 그것 밖에는 아무것도 할 수 없었습니다.

당신이 내 집에 머무를 때 소일거리로 뜨개질을 하시겠다기에 내 조끼를 만들어 달라 했지요. 시내에 나가 실과 바늘을 구하는데 그 비용이 옷을 사는 것보다 더 들게 되자 당신은 차라리 사 입으라고 하시더군요. 내가 옷이 없어서 그랬겠어요? 어떤 대가를 치르고서도 구할 수 없는 것이 있잖습니까? 돈으로 살 수 없는 그걸 위해 나는 당신에게 내 옷을 맡긴 것이지요. 당신이 손수 짜주신 옷을 입어보고 싶었던 게지요. 당신의 정성이 담긴 옷을 입으며 내 비어 있는 유년의 동공을 채워주고 싶었을 것입니다. 사랑 받지 못해 아직도 웅크리고 있는 내 마음의 한 지점을 그렇게라도 위무하고 어루만져 주고 싶었을 겁니다. 이제, 나도 나를 위해 적극적인 몸짓을 하려 했습니다. 당신은 그런 나를 이해하실 수 있는지요?

당신은 내 존재의 집이었지만, 당신 안에서 나는 한 생을 시작했지만 우리의 숙명은 너무 얄궂어서 서로를 사랑할 기회를 얻지 못했습니다. 그래서 나는 지금도 당신에 대한 허기를 느끼고 있는 걸까요? 나는 당신을 갈망하지만 당신은 이제 내게 줄 에너지가 남아

있지 않아요. 당신과 나는 왜 이리 만나지 못하는지 모르겠어요. 당신이 나를 껴안아 줘야 할 땐 서로의 운명 때문에 같이 살거나 사랑할 여유가 없었고, 이제 내가 당신을 사랑해야 할 때인데 사는 일이 더 급급해서 당신을 바라보고 있을 수가 없습니다. 이 무슨 운명의 장난인가요? 그런 당신이 내 집에서 잠시 머물다 가시니, 이제야 또 안쓰럽고 연민스러워집니다. 우리는 이처럼 마음의 교집합이 불가능한 운명인가 봅니다. '헤어지면 그리웁고 만나보면 시들하고…' 내가 어렸을 때 당신이 잘 부르던 노래의 가사처럼 말입니다.

당신이 눈앞에 있을 땐 사랑 하지 못하고, 멀리 있을 땐 안타까워 눈물 흘리는 이 아이러니한 우리의 관계를 나는 이제 운명이라 지칭합니다. 그것이 운명이라면, 나는 안타깝지만 이제 인정하고 나의 생각을 바꿔야 합니다. 당신이 내게 흠뻑 적실 수 있는 풍요로운 사랑을 줄 수 없는 운명이었다면 나는 이제 그 운명을 받아들여 내 결핍 속의 당신을 놔 줘야 합니다. 사람의 힘으로 어찌 할 수 없는 것이 사랑이기 때문입니다.

그러나 이제 내게는 당신을 대신해서 나를 위로해 줄 수 있는 보랏빛 조끼 하나가 생겼습니다. 당신의 생을 표징하는 환유의 기호 같은, 거칠고 딱딱해진 손으로 내가 입을 조끼를 뜨는 당신의 모습도 내 가슴에 꼭꼭 담았습니다. 당신으로 인해 내가 서글퍼질 때가 있으면 그 때에는 이 보랏빛 조끼가 나에게 위안을 줄지도 모릅니다. 어쩌면 이 추억이 서글픈 운명을 뛰어넘어 우리의 사랑을 복원시켜 줄지도 모른다고 나는 억지라도 부리고 싶은 심정입니다. 그 누군가에게라도 말입니다.

당신을 위한 세레나데

모두 한껏 멋을 부린 모습이다. 흰머리에 약간 촌스러운 헤어스타일을 한 촌부의 얼굴도 있고, TV를 통해서 익히 알고 있는 얼굴도 있다. 그들의 모습은, 특별한 날 미용실에 가서 머리를 하고 자신의 몸처럼 편안한 평상복 대신 가장 아끼던 옷을 꺼내 입은 그런 느낌이다. 단체복을 입은 모습이 코믹하게 보이기도 하여 희화화된 느낌도 받았다. 무언가 잘 버무려지지 않아 겉도는 모습의 그들을 보면서 나의 관념 때문일 거라는 생각도 해봤다. 가정에서 평범한 일상을 살아온 사람들이 갑자기 전문가의 영역으로 뛰어들었을 때 생기는 차별적 모습을 나는 미리 생각하고 있었던 것은 아닌지.

일요일 오후였다. 혼자 먹는 밥은 최대한 간편하게,라는 생각으로 커피 한 잔과 빵 두어 조각을 구워 치즈를 얹어 들고 거실에 앉았다. 누군가를 위해 격식 차리거나 번거로운 음식 준비할 일도 없으니 그야말로 나를 위한 가장 편안하고 느긋한 시간이기도 했다. 빵을 한 입 베어 물며 텔레비전을 켜서 채널을 돌린다. 이럴 땐 아예 지친 자신을 최대한 이완시키겠다는 내 잠재의식이 작동한다. 자연히 먹는 일은 뒷전이다. 빵을 먹고 있으나 눈은 화면에 두고 있으니, 숫제 먹는 일보다 보는 일에 비중을 두고 있음이다. '남자의 자격'이었다. K가 단원들 앞에 서서 수신호를 보냄과 동시에 지휘를 시작했다. 첫 멜로디의 시작, 이어지는 노래. 아무런 기대도 하지 않은 채 저 노인들은 노래를 어떻게 부를까에 관심을 갖고 있던 나는 두 번째 베어 우물거리던 빵을 재빨리 삼켰다. 내 귀가 솔깃해졌기 때문이다. 합창 속에 간간히 솔로도 등장하고 작은 몸동작도 이어졌다. 노인들은 노래는 물론이고 춤까지 곁들였다. 유치원 아이들의 무용처럼 조금은 어색하고 조금은 연습이 덜 된 것처럼 웃음을 자아내게 하는 동작도 있었다. 그것은 연습 부족 때문이 아니라 아무리 애써도 나오지 않을 것 같은 굳은 몸의 메시지였다. 가능한 것과 가능하지 않은 것 사이의 묘한 조화에서 오는 느낌일까. 오히려 그것이 보는 이의 시선을 끌게 하는 힘이 되었다. 그러나 그들이 내는 소리의 화음만은 완벽했다. 아니 완벽하다고 생각했다. 가끔 좋은 음악을 들으며 사람의 소리처럼 아름다운 게 또 있을까를 생각하곤 하던 나였지만 오늘 들은 합창의 화음은 남달랐다.

플래시가 잠시 방청객을 향했다. 합창단원의 가족들인지 작은 피켓을 들고 눈물을 훔치는 이들도 있었다. 모자를 눌러쓴 젊은 청년은 흐르는 눈물을 훔쳐내느라 카메라를 의식하지 못하는 듯했다. 반백의 중년 여인은 아예 눈을 감고 흐르는 눈물을 닦을 생각도 않은 채 기도하듯 두 손을 모으고 있었다. 눈물은 전이되는가. 아니 이전에 나는 내 어머니를 떠올리고 있었음인가. 나 역시 자신에게서도 눈물이 고이는 것을 느꼈다. 노래하는 부모를 보며 눈물 흘리는 그들이나, 그들을 보며 내 어머니가 저 무대에 서 있다면 하고 가정해보는 나는 같은 사연을 가진 사람들일까.

그들의 화음은 아름다웠다. 합창은 외국곡과 국내의 최신곡까지 다양하게 이어졌다. 물론 끝까지 다 부르는 노래는 아니지만 부분만 들어도 그 곡의 정서가 전달되었다. 경연이 뒷부분으로 가자 밝은 곡과 함께 노인들의 몸동작도 애교스럽게 활발해졌다. 방청석에서도 폭소를 터트리거나 손뼉을 치며 같이 부르기도 했다. 분위기는 다시 활기를 띠었다. 마침내 그들의 경연이 끝났다. 단원들의 평균연령이 63세라며 그래서 얼마나 더 많은 시간 동안 노력했겠느냐고 사족을 덧붙이는 사회자의 말을 뒤로 하고 나는 눈을 감았다.

그들의 노래가 아름다웠던 것은 우선 그들 개개의 능력이 좋아서였을 것이고, 지휘자의 탁월한 지도력 때문이기도 하다. 그러나 무엇보다 그들의 소리 속에는 그들이 살아온 모든 시간들이, 사연의 아픔과 슬픔과 기쁨이 모두 스며있기 때문일 것이다. 그들 삶의 다양한 경험이 노래를 듣는 우리의 눈에 보이지는 않지만 그들이 내는 소리로 다가올 수 있었을 테다. 그래서 사람들은 아름다운 화음을 들으면서 생의 희로애락 속으로 들어 갈 수 있고, 그래서 눈물 흘리며 감동할 것이다. 노래하는 그들 또한 자신의 경험을 그 소리 속에 녹여냈을 것이다. 그들의 내면 깊숙한 곳에서 울려오는 소리가 어찌 아름답지 않겠는가. 그 뿐이겠는가. 말할 수 없는 많은 사연들이 소리로 녹아 나와서도 각자의 목소리로 돌출되는 게 아니라 서로의 아픔을 죽이고, 승화시켜서 상대의 소리에 스며드는 화음을 만들어냈다. 그래서 그들의 소리가 더 그윽하고 더 아름다울 수 있었던 것이다.

인생을 갈무리 해가는 과정에서 그들은 자신을 아름답게 드러낼 줄 알게 되었다. 자신을 말할 줄 아는 방법을 터득한 것이다. 그들이 가지고 있던 능력을 최대한 발휘해 볼 수 있었다는 건 그들에게 축복이었다. 내 어머니의 숨은 능력은 무엇이었을까? 삶이 버거워 늘 뒷전으로 숨어들고, 자신을 드러내는 일은 꿈도 꿔보지 못하며 사신 내 어머니는 어떤 숨은 재주를 갖고 계실까. 내 어머니는 자신에게 무엇이 있는 줄도 모르고, 무엇으로 자신의 삶을, 존재감을 대신하며 사셨을까. 저 무대 위의 어른들처럼 타인 앞에 서는 일이 아니어도 좋으니 내 어머니도 누군가 앞에 서서 당당하게 자신이

기쁠 어떤 일을 하셨으면 좋겠다. 사람이 진실로 행복할 때는 타인에게 보여질 때보다 자신이 진실로 기쁠 때이지 않겠는가. 타인에게 보여지는 것보다 더 소중한 것은 내 안에서 일어나는 내 기쁨이며, 그 즐거움에 충실하는 것도 정직한 생의 습관일 것이다.

순간일지라도 나는 어머니를 위해 진실로 이 눈물 바친다. 한 사람의 생이 얼마나 소중하고 아름다운 것인지 조금 아는 자로써 내 어머니께 바치는 눈물이다.

봄, 바람결에

감지될 듯 말 듯한 미풍이 불기 시작하고 따순 햇살이 내려앉더니 그예 생명들이 몸을 풀기 시작하나 봅니다. 대지가 겨우내 품었던 생명을 세상으로 내보내는 모양입니다. 겨울잠을 자며 자신의 에너지를 비축한 나무는 나무대로, 땅 속에서 발아할 때를 기다리던 씨앗은 씨앗대로 기지개를 켜고 활동을 재개한 것입니다. 생명의 시작인 셈이지요. 세상은 그들을 맞아 온통 수런거림으로 가득 차 있습니다.

그들의 기운이 내게도 전해졌는지, 봄바람의 전언이었는지, 핏속 어딘가에서, 심장 어느 곳에서 자꾸 간질이는 느낌이 듭니다. 그러한 안과 밖의 끌림을 물리치지 않고 보이지 않는 무엇인가의 힘에 자신을 맡겨 보았습니다. 이런 날엔 아무래도 번화가보다는 흙이 있고, 물이 있고, 산이 있는 곳으로 향하는 게 좋겠지요. 차들이 먼지바람을 일으키며 달리는 큰길을 피해 오밀조밀한 계곡 길 따라 가다보니 눈길을 끄는 구경거리도 많았습니다. 무등산 증심사에서 내려오는 물줄기가 아래로 흐르면서 작은 천을 형성하고 있는 길이었습니다. 굽이굽이 휘도는 길 따라 애교스런 농사꾼들의 노고에 생명들이 새싹으로, 혹은 줄기를 실하게 키워낸 것으로 화답해 있더군요. 자투리땅을 일군 소박한 사람들의 마음과 흔적이 고스란히 느껴졌습니다.

흙을 만지며, 흙을 밟으며, 살 수 있는 사람은 행복할 것입니다. 땅은 정직하다는 말은 씨를 뿌리고 거둬본 이들이라면 누구나 공감할 것입니다. 주인의 정성스런 손길이 머문 만큼 저 싹들 또한 튼실하게 자랄 것입니다. 혹한의 시련을 견디고 자랑스럽게 얼굴을 내민 완두콩, 상추, 등속의 채소들 옆에 제비꽃 두어 송이가 보입니다. 기름진 땅도 아닌 돌멩이로 밭의 경계를 지어둔 틈새에서 피어난 꽃이었습니다. 다른 꽃들보다 부지런하게 꽃대를 밀어 올릴 수 있었던 것은 쌓인 돌멩이가 바람막이를 해준 덕택일 것입니다. 서로의 위치에서 무엇인가에 도움을 주고 기대어 살아가는 자연의 모습이었습니다.

잠시 서서, 흐르는 물소리를 들으며 그들을 바라보고 있자니 미풍에도 흔들리는 그 작고 앙증맞은 이파리며 꽃잎이 생명의 경이로움을 전해줍니다. 그들에 대한 외경심으로 가슴이 벅차올랐습니다. 그 순간 세상이 온통 정적 속에 빠져들었습니다. 어딘가로 정처 없이 흐르던 물도, 온힘을 다해 흙을 헤집고 지상으로 제 몸을 가까스로 밀어 올리던 새싹도 잠시 멈칫하고, 그곳을 지나며 우리를 엿보던 바람도 걸음을 멈추고 내 시선에 동참해 주는 듯했습니다. 청정한 고요가 찰나로 흐르고 난 뒤, 무엇인가 내 마음을 툭 건드려 파문을 일으켰습니다. 온 세상이 제 마음속으로 들앉은 것 같은 꽉 찬 충만감이 느껴졌습니다. 무엇인가로 가득 차 있던 내 자신을 내려놓고 내 영혼을 풀어놓는 순간이었지요.

짧은 그 시간이 지나자 마법에서 풀려나온 듯 물은 다시 소리를 내며 흘러갔고, 주변은 다시 소란스러워졌습니다. 나는 현실로 돌아왔지요. 꿈속 같던 그 시간이 다시 아련해졌지요. 내가 그 작은 꽃에 집중하는 순간 나는 그 꽃과 하나가 되었고, 그 안으로 흘러들어가게 되었던 모양입니다. 가슴 저 밑바닥에서 무엇인가 찰랑대는 소리가 들렸습니다. 그것은 새로운 발견이었습니다.

끊임없이 무엇인가를 생각하고 행동해야 안심이 되는 현실 속에서 기쁨 하나를 얻었습니다. 그것은 한 편의 글을 쓰고 나서 느끼는 기쁨과는 다른 희열이었지요. 산고를 치른 작품을 통해 얻는 기쁨은 노력으로 만들어진 인위적인 감정이지만, 자연을 통해 얻는 기쁨은 훨씬 더 순수하고 근원적인 정서이기 때문입니다. 그것은 누릴 준비가 되어있는 사람만이 누리는 감정이겠지요. 무엇이 더 크고 소중한가의 가름은 중요하지 않습니다. 그것은 가름하는 사람들의 의식 차이이니까요.

마음과 몸이 새털처럼 가벼워졌습니다. 얼마 만에 누리는 자유인가요? 어쩌면 무엇인가를 꿈꾸며 그 길을 걷던 순간부터 잊고 있던 자유였습니다. 그 통로를 다시 찾을 수 있어 매우 기쁩니다. 생이 열정으로 빛나던 젊은 시절엔 그 에너지에 가려 미처 꿈꾸지 못했던 일이기도 합니다. 인생의 많은 시간을 보내고 나서야 그 길을 알게 되었군요. 빛나던 시절에는 뒤꼍의 소중함을 기억할 여유가 없었을 겁니다. 존재에게 소중한 것은 자신의 밖에 있기보다 오히려 내면의 자유에 있다는 것을 말예요. 세상의 틀에서 자신을 지키느라 지친 영혼에게도 이제 여유를 주어야겠습니다. 조금 늦었다 해도 삶은 언제나 지금, 여기가 소중하니 아쉬워할 이유도 없습니다.

봄바람 따라 나선 길에 예기치 않은 큰 선물을 받았습니다. 이러한 기쁨은 사람에게서나 물질에서는 만나기 어렵습니다. 아무런 대가 없이 작은 생명에 눈길 주며, 반갑게 맞는 마음 낸 것뿐인데 그들로부터 받은 화답은 내 영혼에 긴 여운을 남겨주었습니다. 그래서 자연은 사람의 스승이고, 문명의 부모일 것입니다. 시나브로 변화하는 욕망에 찌든 육신, 지친 영혼을 바람결에 내맡긴 오후나절의 행복이었습니다.

엄마였군요?

오랜만에 두 부부가 함께 만나기로 한 날이었다. 선배의 농장에서 매실이며, 앵두며 보리수를 수확하여 장아찌를 담고, 과실주를 담근 지 두어달이 지난 후였다. 농장으로 초대되어 흡족한 대접을 받고 헤어지던 그 때에는 조만간에 만나자며 손을 흔들었지만 시간은 쏜살같이 흘러 달이 차고 이울기를 두 차례나 한 것이다. 자신이 얼마나 무심하고 둔한지 알 수 있는 기회이기도 했다. 사람을 만나는 일은 때론 즐겁고 때론 아름다운 일이기도 하나 반면에 그만큼 번거롭기도 해서 자신만의 시간을 우위에 두는 이들에겐 아무래도 타인과 함께 보내는 시간이 밀쳐질 수밖에 없다.

그날, 모처럼의 약속을 했는데도 갑자기 일이 생겨 나는 전주에 갔다가 늦게 도착하였다. 나름대로 서둘렀어도 식당에 도착해 보니 약속시간이 30분이나 지나 있었다. 물론 남편이 먼저 나가 자리를 같이 하고 있지만, 약속시간을 정한 사람이 늦는 것은 상대에 대한 예의가 아니기도 했다. 마음 급한 탓에 홀 안을 두리번거리며 남편의 자리를 찾다가 나는 그만 쟁반을 든 도우미와 부딪쳤다. 그녀는 출입문을 밀고 들어오는 손님을 보며 인사를 하다가 내가 서 있는 것을 미처 보지 못했던 모양이었다. 다행히 큰 문제는 없었지만 물세례를 받은 나는 다소 당황스러웠다.

그녀의 안내를 받아 방으로 도착해보니 식사는 진행 중이어서 메인 요리까지 나와 있었다. 도우미에게 내 몫의 세팅을 부탁했다가 취소하고 물김치만 하나 더 주세요, 라고 말했다. 배가 고픈 상태도 아니어서 남아있는 음식으로도 충분하다는 생각이었다. 그러나 주방 쪽으로 사라진 도우미는 좀체 오지 않았다. 늦게 온 대가로 내게 내려진 벌주가 두어 순배 돌고나서야 그녀는 물김치를 가지고 나타났다. 내 앞의 선배가 나를 의식해서인지 너무 느리다고 자기 의사를 표현했다. 내가 보기에 그녀는 매우 불안정하게 행동 했다. 처음엔 새로 개업한 음식점이어서 직원들의 서비스가 서투르다고만 생각했다. 그만큼 그녀는 덤벙댔고, 실수를 하면서도 손님의 주문에는 늦게 대처했다.

방 안에는 우리와 다른 한 팀이 식사 중이었다. 동기생으로 보이는 남자 넷은 술이 불콰하게 오르는지 같은 공간에 다른 이가 있다는 것을 전혀 모르는 것처럼 굴었다. 그들의 목소리가 커지니 이야기가 내 귀에도 들어왔다. 그들은 누군가를 발가벗겨 내동댕이치기도 하고, 누군가를 미화하여 구름 위에 띠우기도 했다. 아무개는 어떻게 출세를 했고, 아무개는 어떻게 망했는지 그들의 사생활 모두가 공개되고 있었다. 조금만 들어보면 결국 내게 도움이 되는 이는 좋은 놈이고, 해가 되거나 도움이 되지 못하는 이는 나쁜 놈이었다. 인간은 그렇게 도 아니면 모가 되어가는 존재들인가. 하긴 편한 동기생들끼리 술자리에 모여서 못할 말이 뭐 있겠는가. 내 귀는 어느덧 그들의 이야기를 듣고, 내 눈은 내 앞의 사람들에게 향해 있었다. 그러나 멀티플레이어가 되지 못하는 나는 곧 내 일행에게로 돌아왔다. 옆 사람들의 이야기 또한 끝까지 흥미를 끌지 못한 때문이기도 했다. 표현의 수위만 점점 강해질 뿐 그 말이 곧 그 내용이었다.

곧 일어설 듯하면서도 술 좋아하는 선배는 잎새주 한 병을 더 주문했다. 끓고 있던 그릇에선 국물이 졸아들어 나는 육수를 부탁했다. 옆 테이블에 있던 도우미가 그들이 따라주는 술잔을 받으며 알았다고 대답했다. 선배네가 조금 불편한 기색을 보였지만 우리가 뭐라 할 사항이 아니었다. 그들은 도우미에게 농지거리를 하며 무언가 대답을 요구하고, 쉽게 그 자리에서 보내줄 것 같지 않았다. 음식점에서 밥을 먹는 사람들이 도우미에게 술을 권하는 것도 볼썽

사나웠지만 할 일을 못하게 붙잡고 있는 품이 영 마뜩잖았다. 그녀는 미혼인지 기혼인지 가늠하기 어려운 나이로 보였다. 그녀 또한 이러지도 저러지도 못하겠다는 엉거주춤한 태도로 우리의 눈치를 보고 있었다. 그쯤 되자 그녀에게 조금씩 신경이 쓰이기 시작했다. 저 여자는 어쩌려고 저러는 것일까. 결국 주문한 잎새주와 육수는 식욕을 상실한 우리가 그만 일어날까 모의의 눈빛을 교환할 때쯤 나왔다.

선배네가 그만 가자며 자리에서 일어섰다. 옆 테이블의 모습이 가관이기도 했고, 더 이상 술을 즐길 분위기는 사라져 버렸다. 우리는 조금 멋쩍었지만 그게 낫겠다고 생각했다. 남편은 계산대로 가고, 나는 화장실로 향했다. 조금 후에 누군가 화장실에 들어오더니 내가 있는 칸의 문을 세게 잡아당겼다. 볼 일을 보고 일어서려던 나는 당황했다. 다행히 문을 잠그고 있었으니 망정이지 하마터면 꼴사나운 광경을 연출할 뻔했다. 누군지 참, 몰상식하다고 생각했다. 문을 열고나오니 우리 방 도우미를 하던 여자였다. 참, 예쁜 짓만 골라서 한다고 생각했지만 말은 하지 않았다. 절이 싫으면 중이 떠나면 되지. 이 식당에 다시 안 오면 되지. 혼자 생각하며 손을 씻었다.

"민우야, 엄마야."

잠시 틈을 두고

"무서워도 조금만 참고 있어. 엄마 한 시간 후면 집에 갈 수 있어. 그래도 무서우면 텔레비전 크게 틀고 만화 보고 있어. 좀 있다 또 전화할게."

손을 씻던 내 가슴에 작은 파문이 일었다. 서정주 시인의 〈나는 다섯 살 때 외로움을 알았다〉와 '나도 그랬지'가 동시에 무의식을 헤집고 불쑥 의식의 표면으로 끼어들었다. 하루를 보내는 일이 지루하고 따분한 아이가 혼자 해바라기 하다가, 해설핏 해지면 마루에 앉아 다리를 흔들며 사립문으로 들어올 엄마를 기다리던 아이의 모습이 떠올랐다. 외로움, 두려움을 가까스로 눙치려고 다리를 흔들다 까만 고무신이 툭 떨어짐과 동시에 앙앙 울음보를 터뜨리던 아이. 기어이 해는 산 너머로 숨어들고, 어둠이 스멀스멀 밀려들면 서러움에 지쳐 그대로 잠이 들었던 그 시간. 아픈 통증이 작은 회오리를 일으켰다. 그녀의 집엔 엄마를 기다리는 아이가 있었다.

"아, 엄마였군요?"

앞 뒤 없는 내 말에 그녀가 화들짝 놀랐다.

"선생님, 이해해 주세요."

"뭘요? 나는 아무 말도 하지 않았는데요."

"제가 잘못하고 있었다는 거 알아요. 제발 컴플레인만 걸지 말아 주세요."

"아, 나는 단지 댁이 아이 엄마라는 걸 알았다고 말하고 있는 거예요. 나는 아무 말도 할 생각이 없어요."

"그래도 안심이 안 돼요. 제가 잘하도록 노력할게요."

"글쎄, 우리가 불편했던 건 사실이지만 그뿐이에요. 아이를 두고 온 엄마 맘이 얼마나 불안했겠어요? 그럴 수밖에 없었을 거예요."

엄마, 엄마라는 말 한 마디에 나는 옴짝달싹 하지 못하게 되고 말았다. 그 순간엔 도덕도, 상술도, 이해타산도 그 어떤 것도 모두 무력해졌다. 술기운이 아직 있는 그녀는 나를 붙잡고 계속 말을 하고 싶어 했지만 나는 슬그머니 그녀의 손을 거두고 밖으로 나왔다. 계산을 끝낸 그가 내가 나오지 않자 화장실 앞에 와 서 있었다. 그 옆에는 매니저가 함께 있었다. 나는 혼잣말처럼 '손을 좀 씻느라고… 기다렸어요?'라며 이미 마른 손을 옷에 쓰윽쓰윽 문지르는 시늉을 하였다. 참내, 어이없다는 남편의 소리를 귓전으로 흘리며 나는 어리둥절해 있는 매니저의 앞을 지나 성큼성큼 출입문으로 향했다.

어머니의 기도

나는 열다섯 살에 집을 나갔다. 한석봉은 글을 배우기 위해 가출을 했고, 홍길동은 제 혈육조차 맘대로 부를 수 없는 서출의 신분이었지만 대의를 품고 집을 떠났다. 적어도 그는 자신의 개인적 문제를 초월한 생을 살려 했고 결국 나라를 위한 큰 뜻을 품어 승화시켰다. 하지만 나는 그렇게 큰 인물이 될 조짐이 애당초 없었으므로 가출의 서러움을 개인적 아픔에 국한시킬 수밖에 없었다. 어쨌든 나는 요즘 아이들처럼, 누가 뭐라 하지 않아도 내면에서 솟구치는 열정(사실 원인이 다 있지만)을 이기지 못해 집을 나간 것은 아니었다. 내가 더 이상 집에서 견디지 못할 거라는 확신을 가질 무렵 딸의 기운을 감지한 어머니가 먼저 가출을 거들어 주셨다. “이제 집을 나가거라.” 그 방법이 어머니와 내가 다 같이 사는 길이라는 것을 본능으로 알았기에, 어느 가을 밤에 얇은 보퉁이 하나를 가슴에 안고 집을 나서 터덕터덕 무거운 발걸음을 내딛었다. 휘영청 밝은 달밤에 개 짖는 소리가 그토록 애잔할 줄이야. 어쩌면 불감청이언정 고소원이었겠다. 그러나 그건 내가 먼저 한 말은 아니었다.

정월 보름이 지난 산사. 기도를 마치고 법당을 나오며 저만치 떨어져 있는 선방 스님들의 방을 건너다본다. 가지런히 놓여있던 스님들의 털신이 보이지 않아, 댓돌 위가 텅 비어 휑하다. 미풍에 살랑이는 댓잎 소리 같은 스산함이 마음을 잠시 스쳐간다. 마음자리 찾고자 기도하고 나오며 눈으로 있고 없음을 분별하여 감정을 일으키다니, 혼자만 아는 웃음을 웃는다. 동안거를 마친 스님들이 각자 자신의 토굴로, 혹은 살고 있던 본사로 떠났다. 누군가, 무엇인가 함께 한다는 것은 존재 자체로도 그득하게 채워지는 것이라는 걸 다시 느낀다. 그 스님들이 이곳에서 참선을 하며 백일 동안 머물렀어도 나와 마주친 적은 별로 없다. 멀리서, 그 분들이 청정한 본래의 마음 찾기에 수행을 하고 있다는 것을 인지하는 것 이외엔 나와 직접적인 관련이 없었다. 그럼에도 왜 나는 그 스님들을 마음에 담고 있었을까.

"이 상황에서 너와 내가 어떻게 살아가겠니? 이제 집을 나가거라." 어머니는 나를 위해 먼저 가출을 허락해 주셨다. 아니 나는 쫓겨난 것이다. 어머니 말씀 이전에 내가 먼저 선택하고 감행했어야 할 일이었다. 내가 능동적으로 선택한 것과 어머니의 말씀에 따른 것과는 천지 차이였다. 나에게 가출은 그 현실에서 최선의 선택이었지만, 그래서 아무 불만 없이 기꺼이 집을 나왔지만 내가 모르는 어린 내 마음의 한 부분(무의식)은 어머니로부터 거부당했다는 화인이 강렬하게 남았다. 가난과 가혹한 시집살이로 더 이상 견딜 수 없는 어머니는 데려온 자식을 미지의 세계인 벼랑 끝으로 밀어뜨릴 수밖에 없었다. 어쩌면 모험이 따르지만 바깥세계가 더 안전할 수도 있었을 테니까. 그로 인해 나는 육신의 자유를 얻었지만 어머니와 나는 불운한 모녀지간이 되었다.

불행히도 나는 마음에 그 화인의 자국만큼이나 강한 못질을 해버렸다. 어머니는 내 마음 속에 들어올 수 없었다. 어머니를 거부하는 것이 거부당한 어린 자신을 지킬 수 있는 유일한 길이었다. 훗날, 내가 아이들의 어머니가 되어 어미의 마음을 지니게 되었을 때 내 어머니를 이해하고자 하였으나 닫힌 마음은 열리지 않았다. 그래서 괴로운 것은 이성을 가진 나였다. 어머니께 잘못하는 일은 없었으니 불효하지는 않았지만 도대체 어머니를 사랑할 수가 없었다. 어머니는 점점 쇠잔해지고 저러다 돌아가시면 나는 얼마나 후회할까. 사랑해야 할 사람을 사랑하지 못하는 것 또한 괴로움이었다. 나는 어머니에게 마음을 주고 싶었으나 진심이 생기지 않았다. 다른 모녀지간처럼 살뜰하게 어루만지는 사랑이 되지 못했다. 불씨를 붙여

점화를 해보았으나 불발탄으로 끝나기 일쑤였다. 왜 진실로 마음이 가지 않는지 기도를 하며 그 마음을 들여다보기 시작했다. 원인의 시초는 나의 문제(그때 내가 있었으니까)였으며 우리 모녀의 업장(시공의 인연)이었다. 그 업장으로 마음에 매듭이 생겨 서로 얽힌 것이다. 업장의 이치가 보이니 풀어가는 방법도 알게 되었다. 드디어 마음 가는대로만 하자고 생각하니 억지가 없어지고 편안해졌다. 그것이 내 기도의 시작이었다. 마음을 들여다보는 능력과 기도의 시간은 비례하였다.

"아야, 내가 예진이 합격하라고 기도하고 왔다." 며칠 전에 전화를 했더니 교회에 다녀오셨다는 어머니의 대답이다. 울컥, 뜨거운 속울음과 함께 눈시울이 적혀진다. 나에 대한 애틋함을 한 번도 보이지 않았다는 궁핍한 내 기억들을 어머니의 한 마디가 모두 씻겨내고 있었다. 너무나 핍진했던 어머니의 생에서 내 몫의 사랑까지는 내 줄 수 없었던 어머니가 이제 내 딸인 손녀의 시험 합격을 위한 기도를 하실 만큼 마음을 내신 것이다. 나는 내 딸의 어머니. 내 딸을 위한 기도를 하신 내 어머니. 먼 옛날부터 할머니에서 어머니로, 어머니에서 딸로 이어져 온 여자들의 가난하고도 슬픈 사랑이 오롯하게 서는 순간이었다.

삼칠 일 기도를 마치는 마지막 날, 내 기도는 방향을 바꿔 세상을 향한다. 내 마음에 걸리는 장애가 없으니 내 가슴도 수월하게 열린다. 비록 비유할 수 없는 일이라 해도 동안거 동안 스님들이 청정한 마음의 진면목을 찾아 세상을 밝혀보려 했던 것처럼, 나는 미약하지만 나와 인연 있는 세상의 모든 생명들이 평화롭고 행복하게 살아가기를 기원한다. 진실로 자신의 존재를 소중하게 받아들인 자만이 타인도 소중하게 품을 수 있다. 내 사랑은, 이제 시작이다. 제 길을 찾은 내 사랑이 비록 옹달샘의 물처럼 작은 것일지라도 내 마음을 열고 세상을 향해 솟아나길 기원한다. 이제 길고 긴 숙명의 강을 건넜으니 타고 왔던 뗏목을 버릴 시간이 되었다.

눈먼 자들의 세상

깊이 숨겨진 것은 세월이 흘러야 그 빛을 발하게 된다. 아니, 깊이 들어있지 않아도 고요하게 제 자리를 지키고 있는 것은 사람들의 눈에 쉽게 들어오지 않는다. 사람들은 요란하게 소리 내며 흔드는 것들에 시선을 주고 의미를 두기 때문이다. 눈 뜨고 있어도 보이지 않으니 눈 먼 자는 얼마나 깜깜한 어둠속에서 살까. 그래서 우리에게는 심안법이 필요한지 모르겠다.

1998년이던가. 주제 사라마구가 노벨문학상을 받은 해가. 그리고 그 해 말에 ≪눈 먼 자들의 도시≫가 한국어로 번역되어 출판되었다. 99년 봄, 이 작품을 읽으면서 나는 전율했다. 그러나 거의 십 년이 지난 지금은 정말 잘 쓴 소설이구나 하고 감탄했다. 내 반응이 전율에서 감탄으로 바뀐 건 소설을 보는 시각이 달라져서일 것이다. 그리고 어떤 것도 돈이 될 만한 것이면 놓치지 않는 자본사회는 이 작품을 영화화 했다. 소설 ≪눈 먼 자들의 도시≫에 열광했던 내가 영화라고 그냥 지나치지는 못했다. 그것도 서울에 가서 개봉 둘째 날 아이들을 데리고 심야 프로를 봤다. 당연히 영화는 소설을 따라가지 못할 거라는 것을 알면서도 나는 고집스럽게 영화에 집착했다.

서사나 묘사가 주는 미학과 영상 매체의 미학이 다르다는 것을 상정해도 영화는 소설에 많이 떨어졌다. 이야기에 능한 작가의 세밀한 사유를, 영상을 통해 눈 먼 자들의 당혹스런 일상을 그려낸다는 것부터가 무리였을 것이다. 보지 못하는 세계를 잘 그리려면, 보이지 않는 세계를 잘 볼 줄 알아야 하는데 아마 우리는 그러지 못하기 때문일 것이다. 눈에 보이는 것도 믿지 못하는데 보이지 않는 세계를 어떻게 믿겠는가. 물론 환상적 리얼리즘 소설을 영화화하면서 감당해야 할 몫이었을 수도 있다.

≪눈 먼 자들의 도시≫는 세상의 축소판이다. 어느 날, 한 남자가 신호를 기다리며 차 안에 있다가 아무 이유 없이 눈이 먼다. 눈이 머는 현상은 부서지는 파도처럼 펴져간다. 그리하여 도시의 모든 사람들의 눈이 멀게 된다. 병명은 실인증. 익숙한 사물을 알아보지 못하는 것이다. 치료 방법을 강구하던 초반기의 의사는 논문을 보며 심리적인 실명이라고 유추한다. 눈이 머는 것은 세상이 어둠

으로 보여야 하는데 실인증은 세상이 찬란한 백색에 싸여 있어 볼 수 없는 것이다. 백색 어둠이다. 이들에게 실명 상태란 평범한 어둠으로 빠져드는 게 아니라, 찬란한 후광 안에서 사는 것이었다. 이러한 실명 상태는 존재와 사물의 외양을 덮고 있는 어떤 것일 뿐, 그 하얀 베일 뒤에는 모든 것이 말짱하게 유지되고 있다. 그러나 그들이 빠진 이 백색의 상태는 너무 환했고, 너무 전면적이어서, 색깔만이 아니라 사물과 존재 자체를 흡수해 버렸다. 아니, 삼켜버렸다. 그래서 훨씬 더 안 보였다.

그래도 인간의 영혼이 투명하게 남아있는 곳이 있다면 그게 바로 눈일 텐데, 그 눈을 잃는다는 것은 영혼이 점차 소실되어 간다는 의미이다. 이것은 우리가 소유하고 있는 많은 것을 잃었다는 사실이다. 그 잃음은 더 많이 얻은 어떤 것과의 자리 이동이다. 그 얻음은 범박하게 표현하여 물질과 욕망이다. 눈 먼 사람들의 수용소 격리, 이들에게 무차별하게 총격을 가하는 군인들의 폭력, 격리 수용 조치를 내린 냉소적인 정치인, 눈 먼 사람 각자가 보여주는 이기주의. 달라지지 않는 건 악조건 속에서도 꼭 다른 사람들의 불행을 악용하는 사람들이 있다는 것이다.

그 속에서도 식량 보급품을 탈취하여 귀중품을 받고 파는 파렴치한이 있고, 그나마 가진 것이 떨어지자 여성들의 성을 강탈한다. 그야말로 아비규환. 그것도 한계상황이 지나자 여성들은 자진해서 나선다. 굶어죽거나 폭력을 당해 죽을 수밖에 없는 절망적 상황 앞에서 나온 실존에의 갈급이 부른 슬픈 용기이다. 빼앗기다시피 성을 주고 받아온 빵을 조금씩 나눠 그들이 격리 수용된 한 동의 사람들이 허기를 면한다. 그 속에서도 사람들은 인간의 존엄성을 말하고, 누군가는 존엄성을 부르짖는 사람이 어떻게 그 방법으로 얻어온 빵을 먹을 수 있느냐며 분노한다.

유일하게 볼 수 있는 의사의 아내는 그들을 돌보기 위해 자신이 할 수 있는 모든 것을 다 하지만 늘 역부족이었다. 수용소 안의 그 많은 사람들을 이끌어가고, 뒷감당하기에는 혼자 힘이 너무 벅찼다. 자신의 눈앞에서 다른 여자와 섹스를 하는 남편을 보면서도 여자는 그들을 위로한다. 충분히 이해한다고. 그래서 여자는 자신 역시 눈이 멀기를 바랐다. 그래서 눈에 보이는 사물의 거죽을 뚫고 들어가 내적인 면에까지 다가갈 수 있기를, 그 눈부신 불치의 실명상태에까지 다가갈 수 있기를 바랐다. 더 이상 견딜 수 없는 극한의 상황에 몰린 의사의 아내는 강탈자를 죽이고 불을 질러 그곳을 탈출하지만 그 곳에 있는 동안 몇몇의 사람들이 행한 이성적인 행위들은 빛을 발한다. 인간에게 절망만 있는 것은 아니라는 걸 작가는 그렇게 보여준다. 인간의 역사가 보여주듯이, 악에서 선이 나오는 것은 드문 일이 아니다. 그러나 선에서도 악이 나올 수 있다는 것에 대해서는 이야기를 잘하지 않는다는 것이다. 이런 것이 우리가 살고 있는 세계의 모순이다.

이 작품에서 인간이 눈이 멀었다는 것은, 우리가 소유하고 있는 많은 것을 잃었다는 사실과 같다. 우리는 소중한 것을 잃었을 때에야 가지고 있는 것이 무엇인지를 알게 되지 않던가. 수용소에서의 처참한 세계를 유일하게 볼 수 있었던 여자는 말한다. "나는 우리가 눈이 멀었다가 다시 보게 된 것이라고 생각하지 않아요. 나는 우리가 처음부터 눈이 멀었고, 지금도 눈이 멀었다고 생각해요. 눈은 멀었지만 본다는 것과 볼 수는 있지만 보지 않는 눈 먼 사람들이라는 거죠." 눈 먼 사람들을 이끌고 수용소를 탈출시키던 여자가 가장 두려웠던 것은 오직 그녀 혼자만이 볼 수 있다는 사실이었다. 볼 수 없는 사람들은 영혼까지 핍진해져 눈 뜬 자의 길 안내조차도 믿고 따르지 않았기 때문이다.

결국 여자의 집으로 간신히 돌아온 살아남은 사람들은 서서히 눈을 떠간다. 그리고 그들은 눈을 뜨는 순간 가장 행복한 경험을 한다. 삶의 본질, 즉 타인과 자신을 위해 사는 법을 배운 사람들의 충만감 때문이다. ≪눈먼 자들의 도시≫는 무책임한 윤리의식과 붕괴된 가치관, 폭력이 만연한 세계를 통해서 인간 본성에 대한 강한 질문을 던진다. 그러면서도 인간에 대한 신뢰와 삶의 가치를 잊지 않고 드러내 주고 있다. 처음 눈이 멀어 수용소에 들어가게 되는 집단이 함께 고통을 나누고, 서로 의지하며 도와가는 인간관계의 회복을 통해 진정한 인간의 모습을 상징해내고 있기 때문이다.

1.0의 시력을 가지고 있는 나는 세상의 많은 것을 볼 수 있는 능력을 가지고 있는가. 심안법을 터득하지 못했다면 보고 있다는 허상에서 벗어나야 되지 않겠는가.

그 여자

가족이란 어떤 존재일까요? 에두르지 말고 아예 직설적으로 대답해볼까요. 대가를 바라지 않으면서 내 가진 것을 나눠주고, 내가 불편해도 상대를 위해서 견뎌주며, 때에 따라서는 내가 가진 어떤 것을 희생하면서도 지켜주고 싶은 존재가 가족이지요. 이러한 역할을 해주지 않는다 해도 최소한 마음으로라도 잘되길 응원해주고, 걱정해주고, 상대에게 위안을 주는 정도는 돼야 가족이라고 하지 않을까요?

오늘, 그 여자를 참 오랜만에 만났습니다. 작년 여름 내가 병원에 있을 때 문병 와서 만나고 처음이니 그 새 반년이 흘러갔군요. 좀 더 솔직해지겠습니다. 사실, 나는 올 3월부터는 그 여자를 매주 한 번씩 봅니다. 그러나 우리는 만나도 안 만난 것 같습니다. 왜냐하면 우리는 두 시간 동안 같은 공간에 있다가 헤어지지만 서로 이야기를 나누거나 우리들만의 눈빛을 교환하는 일을 하지 않기 때문입니다. 그 여자는 내가 가르치는 문학을 수강하는 학생이거든요. 나이는 내 어머니보다 조금 아래입니다. 그 나이에 공부하러 대학에 왔습니다. 그 여자를 만나며 나는 자꾸 마음이 이리저리 움직이는 것을 느낍니다. 일반적인 생각처럼, 나이 들어 대학에 왔다는 이유로 감동하는 건 아닙니다. 공부는 자신이 하고 싶어 하고 여건이 되면 어느 때나 할 수 있는 것이라 생각하니까요. 어쨌든 내가 그 여자에게 감탄한 것은, 어린 학생들보다 더 순수하고 열정적이기 때문이었습니다. 뿐만 아니구요. 그 나이까지 공부하고 싶은 욕망을 저 가슴 속 깊이 꾹꾹 눌러 두었기 때문에, 진실로 공부하는 자의 기쁨을 알고 있다는 것입니다.

이즈음해서 내가 눈시울 붉히는 진짜 이유, 숨겨둔 이야기를 풀어놓아야겠습니다.

작년 여름, 제 아픔과 힘겹게 싸우고 있을 때였어요. 너무나 아파서, 세상의 무엇과도 소통하지 못하고 지내던 때였지요. 앞으로의 삶이 이런 식으로 지속된다면 구차스러워 살 수 없을 거란 생각을 하던 시기였습니다. 그 여자가 내게 전화를 했어요. 내가 왜 살아야 하는지 그 이유를 말해주더군요. 모성 말예요. 그 여자가 내게 보낸 메일에는 '너를 바라보고 있는 자식들을 생각해라. 물론 네가 없어도 그 애들은 살아가겠지만, 그 애들이 평생 동안 흘릴 눈물과 엄마가 없음으로 해서 생기는 외로움과 불편함을 생각해봐라. 그래서 너는 살아야 한다…' 대충 이런 내용이 들어 있었지요. 그 글을 읽으면서 나는 울었습니다. 그 여자는 내 아킬레스건을 알고 있었나 봐요. 자식들요. 나는 어머니가 계셔도 사랑 받지 못해 외로웠는데, 내가 없으면 내 자식들의 외로움은 얼마나 클까? 그 생각을 하며 나는 어떻게든 몸을 움직이고, 의지를 내어 나를 지켜가려 애썼습니다. 그 여자의 위로가 자신을 일으켜 세우는 동력이 되어준 것입니다. 누가, 내게 기운 차려서 살아야 하는 당위성을, 실존의 의미를 이렇게 일깨워 줄 수 있었겠어요? 물론 내게는 어머니도 계시고, 가장 가까운 남편과 자식들도 있지만, 그들은 내 아픔 앞에서 이렇게 직설적으로 말하지는 못했을 겁니다. 그런데 그 여자가 내 가족들이 하지 못한 당찬 이야기를 내게 한 것입니다. 어쩌면 그 여자는 십수 년 동안 나를 보아오면서 내 외로움의 원인을 간파했는지도 모릅니다. 그런 것이 어떻든 나는 그 여자와 전화 통화를 하고, 메일을 몇 차례 주고받으면서, 잠시 동안일망정 기운을 찾고, 의욕을 얻게 되었습니다. 한동안 그 여자의 메일 읽는 낙을 누리며 의지를 회복해 갔지요. 누구나 살아야 할 이유는 다 있습니다. 다만 그 이유가 당사자에게 어떤 상황에서 어떻게 작용하는가가 중요하겠지요. 그 여자, 참 지혜로웠습니다.

사람은 외로울 때, 가장 약한 상태에 놓이죠. 더구나 내 병은 근원적인 상처와 그로 인한 외로움에서 온 것이기에 그 여자의 위로와 격려는 가뭄의 단비 같은 위로를 주었지요. 내 어머니와 자식들, 혈통으로 이어지는 가족의 첫 서열. 가장 소중한 존재들이지요. 그러나 너무 가깝다는 이유로 객관적인 시선을 줄 수 없을 때, 그 틈새에 혈연과는 상관없지만 마음으로 가족이 되어주는 사람들이 있음을 경험했습니다. 그런 지인, 그런 여자가 내 곁에 있어 행복합니다. 나를 보며 흐뭇해하는 그 여자와 그 여자를 보며 행복한 나, 우린 이렇게 서로를 향해 아름다움을 키워가는 사람들입니다.

표면적 줄이기 2

무등산 아랫마을로 이사 온 후로는 문명과 점점 멀어지고 있다는 생각을 하고 있던 터였다.

나를 밖으로 나오게 하는 일터는 자동차로 5분 거리에 있고, 식료품은 가까이에 있는 유기농 샵에서 해결하거나 퇴근길에 할머니들이 펼쳐놓은 길거리 장에서 구해오기도 했다. 그러다보니 게으르고 느린 나는 점점 주변 환경에 익숙해져 학교와 집과 가끔 산사나 찾으며 시내에 나가는 일은 거의 없었다. 작심한 것도 아니련만 자연스레 세상과 단절되어갔다. 번잡한 걸 좋아하지 않는다 해도 사회생활을 하는 사람으로써는 좀 지나친 칩거이기도 했다. 그러나 어쩌랴. 가끔씩은 세상사에서 너무 멀리 떨어져 있는 건 아닌가 하는 염려도 좀 하지만 그것은 잠시 스치는 생각일 뿐 나는 이 생활에 자족하고 있었다. 더구나 생활이란, 문화란 반드시 사람과 물질을 접해야만 이루어지는 것은 아니니까. 집에서도 영화를 보고 문화를 향유하며, 다른 미디어를 통해 세계와의 소통은 가능했다. 사람을 만나면서 일어나는 번거로운 생각이나 관계의 복잡함이 단순하게 살고 싶은 내 일상을 흔들지 않게 하기 위한 자기 방어 수단이라 눙치며 합리화하기도 했다. 어쩌면 대중 속에 들어가 흡수되지 못하는 자의 고육지책의 변명인지도.

그런데 뜻밖에도 강적을 만났다. 일주일에 한 번씩 와서 집안 청소며 살림을 도와주는 도우미 아주머니가 며칠 전에 새로 왔다. 그 아주머니가 요구하는 살림살이 도구의 목록을 주욱 적어놓고 보니 포스트잇에 글씨가 빼곡히 채워졌다. 자신이 하는 청소나 빨래는 모두 자신이 사용하던 세재나 도구를 써야 한단다. 그 상품들은 모두 최신품이고 자신이 사용해본 결과 가장 좋은 제품이란다. 수세미, 유리 닦는 세재, 밀대, 자신이 마실 커피 등속의 모든 상품명을 나열해 주었다. 뿐만 아니라 낡았거나 사용하지 않는 물건들은 과감하게 버리란다. 자고나면 전날보다 더 좋은 물건이 부지기로 쏟아져 나오니 미련 없이 버리고 새것으로 채워가며 산뜻하게 살란다. 나 원참, 이건 누가 주인이고 누가 도우미인지 순간 나도 헛갈렸다. 그런데 그토록 자신있게 주장하는 아주머니가 밉지 않고 어쩐지 내 살림을 나보다 더 잘 해줄 것 같다는 믿음이 생겼다.

도우미에게도 주인을 사로잡는 카리스마가 필요하구나. 그것이 사회구나. 아주머니에게 압도당해 줘도 좋겠다는 생각이 슬그머니 들었다. 그래서 퇴근길에 그녀가 준 메모지를 들고 대형마트로 향했다.

1년에 너댓 번 오던 곳이었다. 추석과 설날과 가끔 아이들이 집에 오면 그 애들 따라 두어 번. 그 때에도 나는 필요한 목록을 건네고는 아이들이 움직이는 대로 따라다니다 계산이나 해주곤 했었다. 너무나 많은 상품들, 다양한 상표들 때문에 머리가 아파 관심을 갖고 싶지 않았다. 그런데 오늘은 쇼핑 카트를 미는 일부터 시작해서 혼자 쇼핑을 해야 했다. 필요한 물건을 찾아 다녀야 하니 1층부터 3층까지 샅샅이 살필 수밖에 없었다. 어느 코너를 가나 상품의 다양성은 한계를 모르게 치닫는 것 같았다. 처음엔 메모한대로 물건을 찾고, 모르는 것은 직원들에게 물어서 찾아냈다. 허나 그렇게 큰 마트에도 아주머니가 적어준 물건이 없는 것도 있었다. 그쯤에서 포기하고 싶었으나 착한 주인이고자 했던 나는 그 순간의 갈등을 이겨내고 3층으로 가서 메모지 마지막 줄의 세제류 앞에 섰다.

내 눈을 압도하는 상품들. 기능이 각각 다르고 그 기능에 따른 회사가 다르고 향이 다르고, 찬물에 잘 녹는 것, 더운 물에 잘 녹는 것…. 나는 무엇을 선택해야 하는가? 아주머니가 알려준 상품에서도 또 세분화가 되어 있었다. 그새 또 새 물건이 나왔거나 비슷한 걸 기능이 달라졌다고 뻥을 쳐서 포장해 놓은 것인 모양이다. 이를 어쩐담. 광고를 많이 해 인지도가 높은 것을 골라야 하나? 아무거나 기억되는대로? 내가 사용 해보았던 대로? 그러고도 최종적으로 확인해야 하는 것은 가격이었다. 그토록 다양한 것들을 살피고 가격 대비 만족도 높은 상품을 선택해야 하니, 아득했다. 점점 근시가 되어가는 눈은 작은 글씨는 읽을 수도 없고 무엇이 더 좋은 것인지 구분할 능력도 없으니 암담할 수밖에.

그것은 그저 세재일 뿐이었다. 빨래를 하는 세재일 뿐이었다. 그런데 그토록 많은 종류가 필요할까. 차이와 다양성 때문? 소비자의 선택할 권리를 위해? 자본사회의 경쟁력 때문에? 자본의 이악스런 요술에 편승하는 소비자 탓? 떠억 허니 내 앞을 가로막고 있는 그 상품들이 히히 호호 낄낄거리며 나를 비웃는 것 같았다. 그러나 멘탈 붕괴 직전, 수많은 단어들을 관통해서 떠오르는 생각 하나가 있었다. 그토록 나를 줄이기 위해 노력한 것은 뭐란 말인가? 내 노력은 몇 년에 걸쳐 실행 중이었는데 지금 이 한 순간 흔들리며 무화되려 하고 있다. 생활을 단순하게 하고 절제하며 겉치레적인 것들로부터 나를 보호하기 위해, 또 내가 살고 있는 이 공간을 조금이라도 덜 오염시키려고 생활용품을 최소화하여 살던 내 습관이 조롱당하고 있는 느낌이었다. 법정스님의 무소유 정신까지는 못 닮아도 소모품 한 가지라도 덜 가져보려는 내 의도가, 내 생활이 혼란을 겪는 순간이었다.

소유 물건을 줄여 공간을 넓히는 일과 영혼의 표면적을 넓히는 것은 등가적이라 생각했다. 가능하면 적게 갖고 최소만 유지하며 단순하게 살 것. 그러다보면 외부로 향하는 마음을 내면으로 끌어와 나를 들여다보는 시간이 좀 많아질 것이며, 시간이 흐르면 그것도 내 몸의 일부가 될 거라 여겼다. 물론 그 믿음에는 변함이 없지만 그 순간 혼란스러운 것도 사실이었다. 어쩌면 나는 소비가 미덕인 이 복잡한 자본 시대에서 도망치려 한 것은 아닌지. 아직 자신을 지키는 힘이 미약하여 맞닥뜨리지 못하고 일찌감치 이 산중으로 피신 온 것은 아닌지. 하마 나는 이 세계에서 부유하는 존재는 아닌지 하는 의혹을 떨칠 수 없었다.

그로부터 두어 달이 지났다. 아주머니의 행동에 그다지 관여하지 않아도 그녀는 더 이상 새로운 물건을 사달라거나 낡은 물건을 버리자고 채근하지 않는다. 첫날의 그 카리스마는 어디로 감췄는지 나를 보는 시선에 애정이 섞여있고 태도는 영 나긋나긋해졌다. 그녀에게 내 모습이 어떻게 스며들었는지 모르지만 이대로 같이 보내는 시간이 더해진다면 그녀와 나는 호흡이 잘 맞는 주중 하루 동거인이 될지도 모르겠다. 가끔은 뒷산의 능선에 머무른 햇볕을 눈으로 좇으며 가을을 즐기는 여유도 부리면서.

정호승의 〈영정사진〉에 대한 생각

삶과 죽음은, 인식하는 자의 가치관에 따라 전혀 다른 세계가 된다. 육신의 죽음이 자신의 완전한 소멸이라고 생각하는 이에게 죽음은 두려움이며 공포의 대상이 된다. 인간은 누구나 자기보존 본능을 생래적으로 가지고 있기 때문이다. 그러나 삶과 죽음이 다른 길이 아님을 인식하고 있는 사람은 육신의 죽음이 자신의 완전한 소멸이라고는 생각하지 않는다. 그런 이들은 죽음의 공포에서 한 발짝 물러서 있을 수 있다. 그러나 이런 인식은 세상을 웬만큼 살아서 인생이 무엇인지 조금이라도 알고 있는 사람들에게 해당된다. 이제 겨우 입지立志의 나이에 들어선 젊은이들에게 죽음을 얘기하면 그들은 대체로 도리질을 한다. 삶이 무엇인지 채 경험하지 못한 그들에게 죽음은 너무 먼 곳에 존재하기 때문이다.

그런 의미에서 시인 정호승의 〈영정사진〉을 의미를 부여하며 읽었다. 그의 연륜으로 보아 죽음에 대한 생각도 남다를 것이라는 생각에서였다. 작품을 받아든 순간에는 시인 정호승을 떠올리며 기대에 부푼 마음으로 작품을 읽어 내려가기 시작했다. 그 순간까지는 시인 정호승에 대한 이미지가 나를 지배하고 있었던 것이다. 한때 그의 시를 좋아해서 간간이 찾아 읽었기 때문이다. 어쨌든 나는 시인의 수필을 읽고 나름대로의 생각을 적어야 하는 소임을 다하려 한다. 중요한 것은 이 글은 나의 시각이라는 것이다. 다른 이는 이 작품을 전혀 다르게 읽을 수도 있다는 점이다.

'영정사진'은 산 자가 죽은 자의 사진을 보며, 삶과 죽음의 이야기를 스케치하듯 쓴 글이다. 제목과 제재가 '영정사진'이지만 결국 하고자 하는 이야기는 그 누구도 거부할 수 없는 죽음의 문제이다. 누구든 부여받은 한 생을 살고 나면 죽음을 맞이하게 되기 때문이다.

> 나는 그 얼굴을 통해 인간을 이해하고 배우고 싶은 것이다. 죽음이 삶의 결과라면, 그 결과에 다다른 이의 얼굴엔 어떤 진실이 있는 것일까.
>
> 이 세상에 슬프지 않은 영정은 없다. 모든 영정은 다 슬프다. 한없이 막막하고 절망적이다.
>
> 말 또한 없다. 더 이상 말을 하지 않는다. 웃지도 않는다. 영정사진 중에 빙그레 미소를 띠고 있는 사진은 드물다. 거의 대부분 막막하고 심각하다. 아니, 쓸쓸하다. 사진 속의 인물이 던지는 시선

의 끝을 따라 잡을 수가 없다.

꽃을 바치거나 향을 피우며, 혹은 망자와 말을 나누듯이 영정사진을 쳐다보고, 상주에게 위로의 말을 건넨 후에도 영정을 쳐다보는데, 까닭은 '한 인간의 마지막 얼굴을 엿볼 수 있는 기회가 그때뿐이기 때문이다'. 그리고 그 마지막 얼굴을 통해 인간을 이해하고 배우고 싶다고 말한다. 작가는 삶의 결과인 죽음에 다다른 이의 얼굴에서 어떤 진실을 알고 싶다고 했다. 그러나 그렇게도 '은밀하게' 영정을 바라보지만 그 얼굴에서 어떠한 이야기도 더 이상 진전되지 않는다. 최소한 어떤 이의 영정에서 한 인간의 고뇌나 애통함 혹은 천수를 다 누렸다면 안락함이라도 느껴야 하지 않겠는가. 삶의 결과인 죽음 앞에서 인간의 진실을 알고 싶다던 작가는 언제 그랬냐는 듯 진실에 대해 변죽만 울리고 '슬프지 않은 영정은 없다'로 급회전한다. 역시 슬퍼 보이는 이유는 말하지 않는다. 굳이 찾는다면 죽음은 슬픈 것이고, 누구나 죽기 때문에, 그리고 작가 역시 죽기 때문에 영정 사진이 슬퍼 보인다는 결론을 유추할 수 있을 뿐이다.

그러나 위의 인용문에서처럼 영정이 슬프고, 막막하고 절망적이고, 쓸쓸한 것 등은 죽은 자의 표정이라기보다는 그 영정을 바라보는 산 자의 시선이 아닐까. 아님 죽은 자들의 표정이 그토록 쓸쓸하다면 살아있을 때 무언가로 인해 쓸쓸해할 이유가 있어야 하지 않겠는가. 죽음에도 여러 부류가 있지만 특별한 경우가 아니라면, 일단 자신의 명을 다 살고 간 자의 죽음으로 이해해도 좋을 것이다. 많은 사람들은 자신의 삶의 종점을 예견하지 못하기에 영정사진을 미리 찍어두지 않는다. 더러 죽음을 대비해서 수의를 준비하고 사진을 찍어두기도 하지만 삶에 전전긍긍하다가 죽음을 맞이하기 일쑤여서 그러한 여유를 부리지 못한다. 물론 작가의 부모님처럼 미리 사진을 찍고 수의를 준비하며 죽음을 대비하는 사람들이 있다. 죽음을 준비할 만큼 마음의 여유를 가진 분들이 그토록 막막하고 심각한 표정만으로 사진을 찍을까. 즐거운 것은 아니지만 느긋하게, 살아온 날들을 반추하며 분복을 누릴 수 있음에 때로 옅은 미소를 지을 수도 있지 않을까. 영정사진은 표정 없이 어둡다는 이미지만으로, 그리고 죽음 앞에서 숙연해야 한다는 고정관념으로 살아있는 자인 작가는 죽음을 온통 회색으로 덧칠한다.

> 나는 한참 동안 부모님이 건네주신 사진을 들여다보았다. 두 분 다 무표정한 얼굴이다. 기쁨도 슬픔도 없는 표정이었다. 굳이 말을 하자면 쓸쓸하고 적막한, 어디로 부는지도 모르는 한겨울 바람 앞에 선 그런 표정이었다. -중략-
>
> 틀림없이 당신들의 장례식 장면을 상상했을 것이다. 지금 찍은 사진이 영정 사진으로 쓰이고, 많은 사람들이 이 사진을 보고 슬퍼

할 것이라는 그런 생각…….

죽음은 산 자와 죽은 자와의 결별이기에 당연히 슬프다. 그리운 이를 다시 볼 수 없는 현실은 애통하다. 더구나 그 대상이 부모 형제일 때는 더욱 그러할 것이다. 작가 역시 다르지 않아 그의 편견으로 부모님을 잘못 이해한다. 부모님이 건네주신 영정사진 속의 두 분은 무표정하다. 기쁨도 슬픔도 없다고 했다. 그래놓고 굳이 자신의 잣대로 쓸쓸하고 적막하다고 말해버린다. 이는 부모님의 죽음에 대한 생각이 아니라, 앞에서도 말했듯이 순전한 정호승의 죽음에 대한 시각이다. 오히려 부모님은 죽음을 맞을 준비를 하며 삶의 소중함을 깨닫고 조용히 당신들의 내면을 더 깊이 옹송그려 볼 수도 있을 것이다. 조금 더 나아가 보면, 부모님은 '많은 사람들이 이 사진을 보고 슬퍼할 것'이라는 작가의 생각이 또 끼어든다.

죽음 앞에서 기뻐할 사람은 없다. 그러나 많은 사람들은 작품 속의 부모님의 죽음 앞에서 무작정 슬퍼하기보다는 오히려 망자의 생을 회억하며 생전의 그분의 모습에서 무언가 의미를 찾고 그분이 남긴 정신적, 물질적 유산을 기리고 싶어 할 것이다. 그래야만 정호승이 말했듯, 그토록 '영정사진을 엿보며' 생각하는, 죽음은 삶의 결과가 될 수 있는 것이다. 그리고 서두에서 말했듯이, 죽음은 삶과 완전한 결별이 아닌 연속선상에 있음이 가능해지는 것이다. 정호승이 〈영정사진〉을 통해 말하고자 한 것 또한 이 문제 아니었을까? 우리는 죽음을 잘 맞이해야 한다는 것. 그러려면 삶을 잘 살아야 잘 죽을 수 있다는 것.

태어나고 병들고 죽는 것을 누가 통쾌하게 해결할 수 있으랴? 시인 정호승은 〈영정사진〉을 통해 그 이치를 말하고 있다. 그리고 죽음을 준비하는 부모님의 모습을 보며 오래도록 같이 살고 싶어 하는 자식으로서의 인지상정의 따뜻한 면모를 보이고 있다. 단지 작가의 시선이 죽음에 대해 슬프다는 관념으로 고착돼 있어서 죽음에 대한 생각에서 자유롭지 못하다는 점이 내 시선과 다를 뿐이다. 인생이 무엇인지를 어렴풋이라도 깨닫는 사람이라면 우리는 모두 죽음에 대해서도 관대하고 너그러울 수 있을 것이라는 생각이 이 글을 쓰게 했다. 어쩌면 죽음에 대해 그보다는 내가 조금 멀리 있다는 고정관념에서 나 또한 이렇게 치기를 부릴 수 있는지도 모르겠다. 그가 말하려는 주제나 내가 애써 그 방향으로 몰아간 주제는 같은 것일지 모른다. 다만 정호승이 시인이므로 일관성 있게 주제에 대한 응집력을 표출하지 못했을 뿐이라는 생각이다. 그래서 스케치라는 단어를 등장시켰는데, 이것도 내 독단이라면 그 몰매는 마땅히 맞아야 할 일일지니.

3
꽃물 들여 주는 시간

가장 아름다운 꽃

십수 년 전, 태국에서 본 광경이다.

아침 시간, 관광버스를 타고 이동하다가 무심코 창밖을 보자 길을 가는 많은 사람들이 자스민꽃(다른 꽃도 포함) 목걸이를 들고 있었다. 길가에는 꽃을 파는 수레도 드문드문 보였다. 수수하게 옷을 입은 아가씨들, 넥타이를 매고 정장을 하거나 간편한 차림의 남자들, 나이든 노인들도 꽃을 들고 걸었다. 내겐 사뭇 호기심을 불러일으키는 이색적인 풍경이었다. 꽃을 든 사람들이니 무슨 축제에 참가하려나. 생업에 종사해야 하는 아침시간에 축제라니. 그들의 표정이나 태도가 침착하고 평온해서 일상처럼 느껴지기도 했다. 그 꽃을 무엇에 쓰는 걸까. 누구에게 주는 것일까. 아침에 꽃을 사고,

그것을 들고 출근하는 사람들의 정서는 어떠할까. 꽃처럼 환하고 경쾌한 하루를 보내겠지. 꽃을 나쁘다거나 추하다고 말할 사람은 없을 테니까. 꽃목걸이를 들고 경쾌하게 걷는 사람들을 보는 나는 비현실적인 공간에 서 있는 것만 같았다.

내 호기심은 잠시 후 바로 해결되었다. 사람들은 총총히 일하는 회사로 들어가 작은 정원에 있는 불탑 위에 꽃을 올렸다. 그리고 두 손을 모으고 잠시 서서 예를 올리는 것 같았다. 꽃은 그들 자신이 믿는 대상에게 정성을 표현하는 징표였던 것이다. 꽃을 올리는 광경도 예쁘지만 두 손을 모으고 자신이 숭배하는 대상에게 마음을 표현하고 있는 모습은 더 거룩해 보였다. 아하, 나는 이 나라가 불교국가라는 사실을 잠시 잊었음을 기억해냈다.

버스가 움직이는 대로 눈길도 따라가 보니 사원이 있는 시내 곳곳은 물론이고 작은 일터에도 그에 어울리는 소박한 탑들이 있었다. 뿐만 아니라 가정집에도 돌탑이 있어 그 앞에 꽃을 놓으며 정성들여 기도를 할 수 있었다. 그때 나는 꽃을 사는 일로 하루를 시작하는 그들은 얼마나 평화롭고 행복할까 싶었다. 사람들이 느긋하고 표정이 여유로웠던 이유가 거기에 있었을까. 자신이 믿고 기대는 대상이 부처이든, 돌탑이든, 하나님이든 무에 중요할까. 나 아닌, 누군가에게 줄 아름다운 꽃을 고르고 대상에게 전하는 행위에는 의미 못지않게 소중한 과정이 있을 테니, 그 과정이 사람들의 정서를 순화시키고 여유롭게 해주지 않겠는가. 기도 속에 품은 소망이 무엇이든, 그들은 그날 하루를 예쁘게 살 것 같았다. 내게는 그들의 가슴 속에 피어나는 마음의 꽃이 더 성스럽게 여겨졌다.

그때 돌아오는 비행기 안에서 그 광경만 떠오르면 흐뭇한 미소가 지어지곤 했었다. 꽃목걸이를 탑에 거는 사람들의 마음에는 무엇이 담겨 있었을까. 알지 못해도 나는 그들이 부러웠다.

그로부터 꽤 많은 시간이 흘렀다.

어느 봉사단체장의 회장 이취임식장에 들렀을 때였다. 식장 입구에는 그날의 주인공의 입지를 보여주듯 축하 화환들이 사열을 하고 있었다. 사람들의 발길이 뜸한 구석의 화환은 눈길조차 받지 못할 만큼 꽃은 넘치고 흘렀다. 식장에 들어가니 단상 위의 꽃바구니들은 또 얼마나 화려하게 빛나던지. 자리에 앉아있던 여인들은 꽃방에 와 있는 느낌도 나쁘지 않다고 말했던가. 꽃 속에 있는 사람 누가 기분 나쁘다 할 것인가.

그럭저럭 공식 행사가 끝나고 식사 시간에 잠시 밖으로 나왔다. 새색시처럼 한껏 성장하고 열을 지어 서 있던 화환들이 어디론가 사라지고, 몇 개의 화환만이 한바탕 분탕질을 당한 것 같은 매무새로 남아있었다. 행사가 끝나자마자 참여했던 이들이 가져갈 꽃을 뽑느라 어지럽게 뒤흔들어놨기 때문이다.

사라진 꽃들은 어디로 갔을까. 형식적으로 주고받는 단체장들의 인사치레로, 혹은 식장의 분위기 띄워주러, 주인공의 어깨 힘 좀 들어가라고 자리를 지켜주던 꽃들은 어디로 갔을까. 하마 주인에게 끌려가면서 꽃은 울지 않았을까. 공양미 삼백석이 필요해 인당수에 빠지는 심청이처럼 주인 위해 한 번이라도 더 팔려가야 하니, 시들지 말고 잘 견뎌야 한다는 위선적인 위로를 받았을까. 사람들이 꽃을 주고받는 이유는 무엇일까. 축하의 기쁨을 전하는 매개체로, 사랑을 전하는 메시지로, 마음의 정성을 표현하는 대상이었을 텐데. 오늘의 꽃의 허망함이여, 그 쓸쓸함이여.

다시 태국의 아침이 그리워진다.

그들은 국민소득이 우리보다 낮고 실제 생활면에서도 그리 넉넉해 보이지 않는데도 하루의 시작을 꽃을 사는 일로 했다. 스스로 꽃을 바치는 기꺼운 기쁨. 꽃목걸이에 간절한 마음을 담아 사랑하고 경배하는 대상에게 바치는 성스러운 몸짓. 그들에게 꽃은 교환가치의 경제개념이 아니라 정성을 표현하는 가장 아름다운 수단이었다. 자스민 꽃목걸이가 지금까지 나를 매료시킨 이유를 알 것 같다. 꽃을 전하는 사람들의 마음이 순수하게 스며들었기 때문이었다.

세상이 변화했다지만, 지폐의 위력이 왕좌에 오른 자본주의 사회의 극한에 서있는 우리와는 비교할 수 없는 풍습이었다. 장삿속에 눈이 먼 꽃집의 주인 탓에 요즘의 화환은 분주해졌다. 화환은 꼬리표만 바꾸며 부지런히 몇 곳을 돌다 와야 하는 애달픈 신세가 되었다. 세상에서 가장 아름다운 것의 대명사였던 꽃도 세속의 풍습 따라 애물단지로 전락하기도 하는 비애로운 현실이다. 꽃은 물론이고 사람 사이에서도 정성이 사라져가고 있다고 한다. 영혼이 야위어가고 있음이다. 작은 꽃 몇 송이라도 내 손으로 전하는 정성 따위는, 삼단짜리 화환이어야 하는 우리 사회에서는 촌극이 되고 마는 일인가. 꽃 중에서 가장 아름다운 꽃은 사람이라 하던 시절이 언제였던가. 이제 꽃 중의 꽃은 가장 강렬한 자본주의의 꽃이다. 그래도 나는 언젠가 앙증맞은 풀꽃목걸이 하나쯤 받고 싶은 꿈을 포기할 수 없다.

내가 모르는 나에게

지금 이 순간만큼은 나르시시스트가 되어볼까.

모든 걸 내려놓고 욕망이 없는 순수한 상태로 가보는 거 말야. 욕망이란 어휘가 거슬리면 욕심으로 바꿀까. 허나 그 단어로도 완벽하진 않아. 순수란 욕심이 없는 것만으로 설명할 수 없거든. 어쨌든 자기애가 너무 강해서 외려 자신을 괴롭혔던 옛 시절을 회억하며 나를 지켜준 너에게 보상해주고픈 마음으로 말이야. 그래서 거울을 보며 그 모습이 완전한 나라고 생각하는 상상계의 아이처럼 주절거려보는 것도 괜찮겠지. 타자가 끼어들지 않는 순전한 주체로만 존재하도록. 그러나 어쩐담. 나라는 사람이 지닌 담론적인 것들을 모두 제거하고 순수 상태로 말할 수는 없다는 걸 나는 이미 알고 있으니. 사실 나르시시즘은 자기애와 대상에 대한 사랑과의 사이에 필요한 중간적 단계를 지칭하는 것이지만 일반적으로 우리는 자신의 모습에 취해 객체적이지 못하는 사람에게 그 용어를 적용시켰지 아마. 그래서 프로이트는 나르시시즘을 자기보존 본능으로서의 보완물로 간주했는데 말야.

너를 편안하게 놔두지 못했던 이유, 즉 나를 살아가게 하는 동력은 무엇이었을까. 생각해보면 단 한 번도 나는 세상을 향한 목적을 정해두고 그것을 위해 살지는 않았거든. 최초로 어머니를 내 어머니로만 존재토록 욕심 부렸지만 실패로 끝나자 담담하게 물러섰지. 아, 너무도 담담했어. 하지만 그 상처가 지금도 내 가슴의 넓이만큼이나 크게 자리하고 있지. 어찌 상처가 크기만 할까. 깊고 깊어서 좀체 회복될 기미가 보이지 않는 걸. 내 최초의 욕망은 그렇게 끝이 났고 그 이후로 나는 어떤 것도 의식적으로 욕심내지 않았지. 환언하면 목표를 가지지 않았어. 그래, 생의 목표, 그런 것이 내게 무슨 의미가 있었을까? 그런데도 세상 사람들은 내게 욕심이 많다고 해. 물욕만 욕심이 아니니 그럴 수도 있겠지.

의식 속의 나는 내가 좋아하는 일만 하며 살아도 되었어. 이를테면 필요한 것을 위해 투쟁하진 않았다는 의미지. 좋아서 하다 보니 자연스레 내 몫이 되는 것이 있었을 뿐이야. 그건 네 몫이었어. 그래서 지금도 네 안에 나를 가두고 살아가겠지. 넌 항상 나를 지배해

왔지. 내 첫 욕망이 현실로 이루어졌다면 아마 나는 목적을 가진 욕망을 끊임없이 만들어내며 살았겠지. 그 상처가 나를 일찌감치 깨우쳐준 셈이지. 네가 더 잘 알겠지만 사실 욕망의 대상은 허상일 뿐이지 않니? 어머니가 나만의 어머니가 되었다한들 내 인생의 욕심이 다 채워졌을까. 난 다만 눈앞에 보이는 어머니의 사랑이라는 실재를 잡으려고 했을 뿐이지. 내가 갖고 싶은 그것을 손안에 넣는 순간, 대상이었던 어머니에 대한 갈망은 사라지고 그 자리에 또 다른 욕망이 존재하게 되었겠지. 그랬다면 세상을 향해 내가 갖고 싶은 것들을 헤아리는 욕심쟁이가 되지 않았을까? 그래서 나는 죽을 때까지 욕망을 재생산해내며 살았겠지.

네 덕분에 나는 현실에서 목표를 정하지 않고 살 수 있었어. 그래서 순연한 삶을 살 수 있었지. 목표가 없는 삶은 그야말로 편안했어. 필요성을 가지고 의지로 하는 일과 그저 좋아서 즐기며 하는 일은 다르지. 그래서 더러 손해도 보고 출세하지 못했겠지만 그래도 후회하지 않아. 만일 내가 욕망을 실현하려 애쓰며 살았다면 얼마나 고통스러웠을까. 그리고 나는 결코 작은 행복들에 만족하지 못했을 거야. 욕망이 많으면 만족이 없다는 걸 너도 잘 알잖니. 이얘, 너 웃고 있니? 내 스스로 성공한 거라 말해서 그렇겠지. 내가 큰 사람이 되지 못했고, 부자가 되지 못했고, 유명한 사람이 되지는 못했지만 나는 스스로 내 삶에 만족하니 그게 성공한 삶이지 않을까?

그러나 크고 작은 좌절 속에서도 날 버티게 했던 힘은 너에게 있어. 우짖음으로 자신을 지키는 새처럼 내 생에 있어 끊임없이 나를 나이게 했던 너의 부추김. 의식적 욕망을 가지지 않도록 내 안의 저 깊숙한 곳에 존재하면서 나를 끌어온 너 말야. 의식보다 더 중요한 게 무의식이라는 걸 그래서 나는 알지. 의식하지 않고 살아왔다지만 몸을 가만두지 않고, 정신을 가만두지 않고 혹사시킨 내 탓에 이제 네가 태업하려 하지 않을까. 그래, 이제 태업을 해도 괜찮아. 너도 좀 쉬어야지. 아니 너를 벗어나고 싶어. 내 인생을 이만큼 끌어온 너의 몫은 훌륭했어. 하지만 이제 내 의식은 느슨하게 방류하면서 흘러가는 물처럼 순리대로 살아도 좋을 것 같아. 너 없이 조금은 휘청이며 사는 것도 좋겠구나.

스산한 가을 바람이 회오리를 일으키다가 저 멀리 하늘 끝으로 날아오르네. 저 바람처럼 자신을 비끄러매지 않고 살아도 되지 않겠니? 나이 들어가면서 쓸데없는 아집이나 오만함 키우지 않으며, 또 하나 노욕 부리지 않고 깔끔하게. 내 안에 잠재하고 있는 무의식 네가 없어도 이제 가능할 것 같아. 때때로 속없는 짓도 하면서 거짓없이 웃을 수만 있다면. 어찌 속없음이 흠이 될 수 있을까. 산다는 건 자주 쓴맛을 보는 것이라지만 담담하게 살 수 있는 분복 또한 예사롭지는 않음이지. 그걸 감사하며 살아야겠지.

이제 나는 다시 현실계로 돌아간다. 네가 나를 세뇌시켰듯이, 인간의 꿈은 신기루처럼 허망한 것이잖니? 그러나 허망할지라도 꿈이 없으면, 목적이 없으면, 얻으려는 대상이 없으면 인생이 얼마나 지루하고 막막할까. 그것들이 허상에 불과하더라도 그 욕망 때문에 인간은 살아갈 수 있겠지. 다만 한 가지 대상이 허상임을 알고 그것을 향한 집착에서 한 걸음 비켜설 수 있는 여유만 있다면 금상첨화겠지.

완전한 주체로 빠져들지 못한 나는 영영 나르시시스트가 되지 못하는 건가? 저 회색빛 고층 아파트 너머 멀리 보이는 산 능선이 유난히 도도해 보이는 걸 보면.

이름을 불러주세요 2

- 어느 못난 자의 독백

어떤 것을 오랫동안 깊이 생각하는 사람은 곧잘 자가당착에 빠지기 쉬운 약점을 가지게 된다. 순간의 직관력으로 내리는 판단은 참이나 거짓과는 상관없이 훨씬 간명하다. 그러나 생각에 생각을 얹다보면 단명한 줄기에 잔가지가 많아져 자칫 불명료해질 때가 있는 것이다. 나 역시 마찬가지로, 몇 년 전에 내 이름을 불러주지 않고, 어머니나 언니 등으로 불리는 것에 대해 심히 불편하다는 글을 쓴 적이 있다. 그때를 떠올려보니 나만의 이름이 아닌, 내가 일반 명사화되어 불러지는 것이 싫었던 모양이다. 내 이름이 정확히 불러지는 것이 내 정체성이라 생각했던 것이다. 지금 이 글을 쓰면서도 나는 여전히 또 자가당착에 빠질지도 모른다는 예감을 가지고 있다. 그것은 사람의 생각이라는 것, 혹은 마음이라는 것, 그리고 우리 생의 터전인 문화나 관습, 제도 등속에서 자유로울 수 없다는 것을 알기 때문에 생긴 기우일 것이다.

나는 가끔 사람들이 나를 모른다고 불평하곤 한다. 나라고 말하는 그 의미는 당연히 내가 가진 가시적인 조건들을 말하는 게 아니다. 가장 먼저 눈에 띄는 내 얼굴에서 시작하여 외형적인 조건들은 누구에게나 보여지니 그건 문제가 되지 않는다. 나는 상대가 볼 수 있을 만큼 보여지기 때문이다. 나 역시도 사람들을 보는 데 내가 가진 경험의 총체만큼만 볼 수 있다. 그러니 나 한 사람을 두고도 보는 사람에 따라 천차만별의 평가를 하게 된다. 내게 호의적인 사람은 예쁘다고 말할 것이며, 혹은 못생겼다고 고개를 돌릴지도 모른다. 마찬가지로 내가 가진 내면을 볼 줄 아는 사람들 또한 그들의 잣대로 나를 볼 것이다. 역시 내면을 보는 데에도 각자 나름의 안목만큼만 볼 수 있다. 모두 다른 사람들이 무리를 이룰 수 있는 것은 동류항으로 묶여지는 공통분모가 있기 때문이다. 그렇다 해도 사람이 사람을 제대로 알아보는 일은 쉬운 것 같지만 절대 쉽지 않다. 누군가 사람을 완벽하게 안다고 말한다면 그것은 교만이고 어불성설이다. 완전한 존재가 아닌 인간은 아무도 완벽하게 읽어낼 수 없다. 누군가를 안다고 할 때에 그 속에는 분명한 잉여가 있다는 얘기다. 그럼에도 나는 나를 잘 몰라준다고 지금처럼 욕심을 곧잘 부릴 때가 있다. 일종의 피해의식이지 싶다.

남편과 이십오 년을 살고 난 후에야 그가 나를 인정해줬다. 그는 나와 함께 사는 동안 내가 물가에 둔 아이 같아 세상 밖에 나가는 나를 조바심어린 심정으로 바라봤다고 고백했다. 그는 나를 제 인생 하나 감당하기에도 벅찬 나약한 존재로 받아들였던 모양이다. 그러던 그가 다행스럽게도 나를 알아봐 줬다. 세상 물정 모르니 잘 속고, 제 밥그릇도 못 챙길 것 같아 보호해 줘야만 할 것 같던 내게 그토록 강한 힘이 있는지 몰랐다고 말해준 것이다. 나는 내가 의도적으로 그렇게 산 건 아니다. 내 태생대로, 몸에 밴 습관대로 살았을 뿐이다. 다만 나는 바보가 아니어서 내가 속한 세상이 어떻다는 걸 알고 있다. 그런데도 어떤 사람은 함께 일을 하다가 나를 속였다고 큰소리치고, 또는 내게 속임수를 가르쳐준다고 의기양양해 하기도 했다. 나는 누군가에게 거짓말을 할 줄 모르는 게 아니라 안 하거나 줄이려는 것이고, 그것이 내 삶을 울타리 짓는 나와 바깥의 경계지점일 뿐이다. 무슨 일이 있을 때마다 그들과 대응하여 살아가야 한다고 생각하면서도 또 잊어버리고 같은 일을 반복해왔다. 어쨌든 남편이 말한 내 힘이란 것은, 눈으로 보는 강철의 힘이 아니기에 같은 자장을 가지지 않은 이는 쉽게 알지 못하는 그 무엇이었을 것이니 그가 나를 늦게 발견해 준 데에 야속하다 할 수 없다.

같은 나를 두고 딸은 엄마를 비현실적인 존재로 본다. 현실과는 동떨어진 몽환적인 사람으로. 딸은 내 것 챙기려 에너지 소비하지 않고, 주어지면 성실하게 애쓰는 그런 엄마를 좋아하며 내게 변하지 말고 그대로 살라고 소망한다. 그렇게 살아도 세상을 살아가는데 큰 어려움이 없다면 얼마나 행복한 삶이냐는 것이다. 가장 가까운 가족들은 나를 그렇게 보지만, 집 밖으로 한 발짝만 나가도 생은 경쟁 속이어서 나도 이대로 행복하게 늙어갈지는 의문이다. 내 자신이 조금씩 현실을 의식하게 된다고 딸에게 고백했기 때문이다. 다행히 나는 귀에 못이 박히도록 들은 이러한 현실감각 없음에 대해 인지하고 이제는 그것을 즐기고 있다. 사실은 이런 글을 쓰는 것만 봐도 나는 확실히 달라진 것 같다. 그러나 사람의 본 성품은 쉽게 바뀌지지 않는 것이니 큰 변화는 없을 것이다.

사정이 이러한 터에 입으로 불려지는 이름, 나의 일부분만이 담겨있는 이름에, 때론 기호로 불려지는 내 이름에 얼마나 큰 의미가 있단 말인가. 내가 가진 것을 알아봐주지 못한다면 그들이 기억하고 부르는 내 이름은 그다지 중요하지 않다. 나만이 가지고 있는 개성과 장단점, 진실을 담아주지 못한다면, 한갓 소리와 기호일 뿐인 이름이 뭐 그리 대수일 것인가. 내 이름을 부르지 않아도 앞에서 있는 나를 존중하고 진실하게 대해준다면 그 편이 훨씬 행복할 것이다. 내 이름을 조회하면 헤아릴 수도 없이 많은 사람들이 있는데, 이름으로 무슨 변별력을 가질 수 있을 것인가. 어디 그뿐이랴. 언어가 인간의 모든 사상을 담을 수 있다고 생각하는 것처럼, 이름은 그 사람의 모든 것을 나타낸다고 생각하겠지만 우리는 그저 이름을 부르고 있을 뿐, 그 사람을 진실로 알고 있지 못하는 경우가 많다.

나는 이제 다르게 말하고 싶다. 진실로 그 사람을 불러주지 않는다면, 그 사람을 모르고 있다면 이름을 부르는 것 따위는 그저 입으로 소리 내는 일과 다를 바 없다는 것을. 그러니 이름 부르는 일에 애면글면 하지 않아도 되고, 무엇으로 불리든 그 자리에서 소중하고 진지하게 불려지고 싶다는 것. 마음 없는 부름은 그저 메아리처럼 공허할 뿐이다. 그나마 그 소리라도 우리는 힘주어 소리쳐야 한다면, 그렇다면 어찌할 수 없겠다. 우리는 때로 겉치레라도 하지 않으면 안 되는 현실을 살고 있으니까.

나, 김지헌. 다행히 내 얼굴을 모르고, 내 모자란 행동을 경험한 적이 없고, 때론 나를 몰라준다고 까칠하게 구는 모습을 본 적이 없는 사람들은 내 작품으로 나를 기억할 것이다. 얼마나 다행한 일이며, 얼마나 조심스러운 일이며, 얼마나 가슴 설레는 일인가.

다시 그 길에서

시궁창에 빠져 허우적대다 나온 것 마냥 악취가 나는 하루였다. 곤두선 감정의 비늘을 쓸어내지 못해서 뿜어 나온 날선 냄새였다. 시간이 지날수록 그 냄새는 점점 지독해져갔고, 내 후각이 견딜 수 없는 지경에 이르렀을 때에야 비로소 자신의 것인 줄 알았다. 백두대간의 정점에서 한 발을 내딛었을 때, 나를 볼 수 있었다. 수치스런 환부를 도려내듯 겨우 자신을 진정시키고 나서야 나는 그 악취를 맡을 수 있는 후각을 가진 걸 다행이라 여겼다. 사람은 자신에게서 풍기는 냄새는 잘 알아차리지 못하기 때문이다.

해질녘, 만추의 바람은 제법 쌀쌀하다. 집 앞 수퍼를 가듯 입었던 옷에 조끼만 걸치고, 맨발에 슬리퍼를 끌며 나왔다. 찬바람이 스칠 때마다 자꾸 진저리가 쳐진다. 그래도 집으로 돌아갈 생각은 하지 않고 발걸음은 앞으로 향한다. 날마다 부엌에서 눈길만 주다 오늘은 단풍 든 그 예쁜 길에 마음이 꽂혔던가. 하마 제 맘 산란하여 그 곳 다스리려 작정했던가. 아파트를 벗어나 굽이진 길을 따라 가며 바람에 떨어지는 낙엽을 눈으로 좇는다. 개구쟁이처럼 바람은 낙엽 몇 장을 몰아 후미진 시누대밭 구석에 가둔다. 그렇게만 나를 방기해도 마음은 한결 가벼워진다.

산 능선 따라 놓인 돌계단 앞에 선다. 누군가 농사를 지었는지, 수확이 끝난 길 양 옆의 척박한 밭에는 지천명의 시간을 훌쩍 보낸 사내의 앞머리처럼 듬성듬성 들깻대가 서 있다. 스산한 이 가을바람처럼 을씨년스럽다. 문득 고개를 들어 보니 저 꼭대기에 노인이 서서 내가 있는 아래쪽을 바라보고 있다.

처음엔 넓은 계단에 맞춰 온 몸을 날리듯 발걸음을 떼다 몇 계단 올라가자 제법 보폭이 맞아떨어진다. 중간쯤 올라가니 힘들이지 않아도 될 만큼 편안한 계단이 된다. 처음부터 이렇게 보폭을 맞춰 만들었으면 누구나 쉽게 올라 다닐 텐데, 그런 생각을 하며 발걸음을 옮긴다. 나는 계속 산을 향해 올라가고 위쪽의 노인은 아래를 향해 내려오고 있다. 그리고 우리는 어느 지점에서 짧은 순간 서로 스치며 지나친다. 노인은 지팡이를 짚고 조심스레 걸음을 떼고 있다. 발걸음이 경쾌한 나는 계단 끝까지 올라서서 좀 전의 노인처럼 마을을 내려다본다. 아파트 주변에 있는 단풍나무가 수채화 같다. 봄엔 푸르고 여름엔 더 무성해지더니 이제 온통 붉은 빛이다. 저 아름다운 빛깔도 머지않아 곧 스러지려니. 그리고 곧 겨울이 오고…. 세상은 이런 변화를 반복하며 무상하게 흘러가려니.

몸에 와 닿는 쌀쌀한 감촉에 잠깐의 생각을 접고 나는 계단을 내려선다. 올라갈 때와는 다르게 빠른 걸음으로 내려간다. 저만치 노인이 보인다. 지팡이에 의지하여 천천히 걸음을 떼고 있다. 발걸음을 늦출까 아님 더 빠르게 하여 지나칠까, 찰나의 생각을 거쳐 나는 걸음을 빨리한다. 노인 옆을 지나친다. 잠시 후 나는 마지막 계단에 이른다. 그리고는 무엇에 이끌리듯 나도 모르게 뒤를 돌아본다. 아직 노인은 서너 계단을 남겨두고 있다. 넓이가 넓어 두어 발짝씩 떼어야 하는 계단을 건너고 있는 것이다. 걸음의 리듬이 끊겨 노인의 움직임은 더욱 더디다. 그러나 노인은 묵묵히 계단을 내려오는 일에 전념한다. 다시 처음에 했던 생각을 한다. 보폭 조정을 하여 좀 편안하게 만들지. 문득 그 생각을 하다가 나는 하악 숨을 몰아쉰다. 나는 지금 생에 대해 어리광을 부리고 있구나.

불과 3년 전의 일이다. 해질녘이면 나는 이 계단을 힘겹게 오르내렸다. 그렇게라도 해야 나를 견디는 힘을 키울 수 있을 것 같던 때였다. 사람들이 집으로 돌아오는 시간이 되면 나는 지탱하기 어려운 몸을 이끌고 이곳을 향하곤 했었다. 내가 슬펐던 이유는 몸이 아픈 것보다 허공에서 떠도는 마음을 붙잡아 둘 곳이 없다는 점이었다. 세상으로부터 나를 단절시킨 원인은 그만한 트라우마가 있어서일 테지만 그걸 이길 힘이 내겐 부족했다. 인간사의 이치는 마음 여린 사람이 상처 받을 수밖에 없었다. 그 때 나는 저 노인처럼 이 길을 힘겹게 오르내리면서 건강하게 살 수 있다면 더 무얼 바라겠느냐는 생각을 하지 않았던가. 그 때의 나를 기억 속에서 꺼내자 회한의 눈물이 송곳처럼 아프게 치솟았다. 이게 뭐라고, 그깟 것이 뭐라고. 3년 전 이 길에서 내가 건강하게 살 수 있다면, 다른 사람들처럼 자잘한 밀고 당김을 반복할지라도 생에 의욕을 가지고 살 수 있다면 아무것도 더 바라지 않겠다고 했는데.

오늘 내게 무슨 일이 있었던가. 내 작품을 보는 사람이 터무니없이 다른 생각을 가졌다한들, 그건 그 사람 몫인데 무에 그리 대수라고 마음 상해서 대응했던가. 그 행동에는 분명 자신을 투사해서 작품의 폄훼는 나의 자존감의 훼손이라는 등식이 숨어 있었다. 사람은, 그 누구도 쉽게 자기 생각을 바꿀 수 없고, 달라지지 않는다는 걸 알면서 내 주장을 하려 한 건, 내 자존심 지키려 방어벽을 친 것뿐이잖은가. 너 남 없이 제 감정 따라 움직이고 제 이해타산 좇아 행동하는 것을. 어쩌면 그것은 인간의 본능이고 자기 보호막일 것이다. 그래도 사람이 훌륭한 것은 이성으로 자신을 제어하는 힘을 가졌기 때문이라고 믿었다. 어쩌면 그 이성이 세상을 질서 있게 끌어가는 힘일 것이겠기에. 그러나 내 믿음 또한 얼마나 허망한 것이던가. 나 자신도 냉철하게 이성적이지 못했는데. 자신의 생각조차 내 의지대로 끌어가지 못하면서 타인에게 뭐라 탓할 자격이 있을 것인가. 사람은 자신이 먼저 갖춰지고 난 다음에 타인에게 나아갈 수 있을 것이니. 나라고 내세울 그 무엇도 없는 자신을 깨닫는 순간, 입을 통해 나를 세운 말들이 내게서 나는 악취였음을 알았다.

사람이 내는 모든 길은 자신에서 시작해 자신에게로 돌아오기 마련이다. 그 길 위에 널려있는 내용물이 각기 다를 뿐이다. 나는 지금 간절히 소망한다. 지금의 내 마음이 실체가 없는 허망한 것이라 해도 이 자리에 방점 하나 찍어서 오래 유지되기를. 그래서 내 마음에 고요하게, 소리 나지 않는 길 하나를 내놓고 그에 나를 맡겨보고 싶다. 무등산 어딘가에서 들려오는 평화로운 저녁 종소리가 정체모를 외로움을 자극하는 시간이다.

오솔길 따라 밤길 거닐어

잦은 봄비가 그치고 모처럼 햇볕 좋은 봄날 오후였다. 순환로를 타고 집으로 돌아오다가 문득 들에 나가 봄나물을 캐고 싶어졌다. 바다와 들판을 보며 자란 습성이 몸 어딘가에 숨어 있다가 가끔씩 발동하여 갯벌에 나가 꼬막을 잡거나 바지락을 캐고, 들에 나가 봄나물을 캐고 싶게 한다. 그러나 그런 기특한 충동에 자신을 내맡기기에는 일상과의 벽이 너무 두터워 실행하지 못한다. 무엇인가에 대한 기대나 아쉬움은 그 욕구를 실현하지 못할 때 더 강렬해지는 것이니 바다나 들판으로 달려 나가고 싶은 내 그리움도 점점 깊어질 것이다.

몸이 지쳐 있어 밖으로 향하는 마음을 다잡고 집으로 들어왔지만 자꾸만 눈길이 베란다 너머를 기웃거리기에 슬그머니 일거리를 놓쳐두고 밖으로 나왔다. 반드시 당위성을 갖는 일이 아닐지라도 하고 싶은 일이 있을 때에는 이제 자신에게도 좀 너그러워지자고 자기합리화를 하는 자신에게 웃음을 보내며. 해 질 무렵이어서 바람이 더 차가워졌다. 벌써 저녁식사를 하러 사람들이 아파트 주변의 식당에 모여드는 모습도 보였다. 그곳을 지나 작은 길을 끼고 도니 몇 채의 집들이 옹기종기 모여 있는 골목길이 나왔다. 그 길 따라 주욱 올라가면 들로 통하는 오솔길이 나오고 또 그 길 따라 계속 올라가면 무등산 자락에 있는 전망대가 나오고, 그 등성이를 넘어가면 바람재가 나올 것이다. 몸은 골목길을 지나면서 생각은 벌써 바람재까지 가 있다.

골목길 양 옆으로는 허술한 집들이 있었는데 담장도 없는 채전밭인지 화단인지엔 머웃대가 아기손바닥만한 이파리를 키우고 겨울을 이겨낸 상치가 고만고만한 모습으로 눈에 들어왔다. 그 곳을 지나는데 어디선가 나를 매혹시키는 매화향이 강하게 스쳐갔다. 허물어져가는 담으로 둘러쳐진 집을 들여다보니 작은 마당에 흰매화가 열병이라도 앓듯 오종종한 꽃들을 나무 가득 피워내고 있는 중이었다. 그것만으로도 나는 금세 기분이 좋아졌다. 하루를 마무리하는 이 시간에 나를 행복하게 하려고 이 자연들이 나를 부른 것일까. 자연이 아니라면 어느 누가 이렇게 타산 없고 아름다워 평안한 기쁨을 누리게 해 주겠는가. 나는 코를 흠흠거리며 땅에서 올라오는 봄냄새를, 꽃냄새를, 마른 풀을 태우는 연기냄새를 맡으며 골목길을 벗어났고, 조금 지나자 여러 갈래의 오솔길이 나왔다. 이리저리 나뉘어진 오솔길은 모두 산으로 통하고 있었지만 거기서부터 나는 한 방향을 택해 느릿하게 해찰하며 거닐었다.

문득 눈앞에 펼쳐지는 풍경 하나가 있다. 밀밭, 보리밭의 풍경. 그리고 밭둑 사이로 작은 시내가 흐르고 어린 꼬마가 찰랑거리며 흐르는 물길을 따라 한없이 어디론가 걸어가는 광경이다. 심심하면 보리 꺾어 피리 만들어 불고, 그것도 지루해지면 어머니가 즐겨 부르던 동백아가씨나 섬마을 선생님, 기러기아빠를 불렀다. 그러다가 문득 혼자라는 생각에 기시감이 들어 온몸을 부르르 떨기도 하고, 호밀밭엔 문둥이가 숨어있다 아이들을 잡아간다는 소문을 떠올려 두려워지면 두 주먹을 불끈 쥐고 다시 그 길을 거슬러 달리던 풍경. 그 호젓한 오솔길들이 없었다면 아이의 마음은 얼마나 핍진했을까. 끼니를 준비하기 위한 노동이었기에 더 팍팍하고 힘들던 시절이었다. 어른들은 눈앞의 일만을 위해 하루하루를 살았고 당연히 아이들은 저절로 자라야 할 때였다. 어른의 손길이 필요한 아이에겐 참 외로운 시간이었다. 그러나 그 외로움을 그 작은 길들과 자연들이 감싸주었다. 작은 것들 속에서 자족하는 지혜를 조금 안다면 그 시절의 습성 때문이지 않겠는가.

그때나 지금이나 작은 길에 서면 호젓함이 주는 평안함을 즐기는 사람이 되었다. 사람이 무엇인가 오롯함의 기쁨을 안다면 세상 밖으로만 달려 나가는 번거로움을 좀 줄일 수 있을 것이다. 감당하기 벅찬 현실의 소용돌이 속에서 어디 나만의 시간을 가질 틈이 있던가. 복잡하게 얽혀있는 시간과 공간 속에서 자신을 잠시 잊고 아무런 상념 없이 자연을 마주하고 있을 수 있는 것은 내가 가진 몇 가지의 분복 중 하나일 것이다. 마치 산이 나를 부르고 들판이, 바다가 나를 부르듯 그 유혹을 기꺼이 즐기고 있는 나는 그렇게 말해도 될 것이다.

산등성이를 깎아 만든 작은 밭들 사이의 오솔길에는 얼마 전에 불을 놓은 흔적들이 있고 그 사이로 봄나물들이 땅의 힘을 빌어 세상으로 올라오고 있었다. 쑥, 씀바귀, 냉이, 달래, 돈나물…등속이 예쁘게 자라는 모습을 들여다보면 마치 솜털 보송보송한 갓난아이를 보는 것처럼 희열감이 들었다. 조금씩 푸른빛을 띠어가고 있는 밭을 아무 생각 없이 보는 것도 즐거웠다. 새싹들을 바라보다 지루해지면 고개를 들어 산을 보았다. 아, 봄이 오는 색깔을 담고 있는 산빛은 또 얼마나 아름다운가. 육안으로 완연히 구분되는 것은 아니지만 나뭇잎들이 새잎을 틔우고 있을 때의 미묘한 색깔은 그걸 볼 줄 아는 이에게만 보인다. 그 시기를 지나야 사람들은 산 빛이 연둣빛이라는 것을 알게 된다.

가끔씩 바람 따라 흔들리는 마른 갈대 몸 부딪는 소리만 들릴 뿐

내게는 한없이 여유롭고 편안한 시간이다. 나는 두 팔을 벌리고 바람을 맞받아 선다. 때론 타인과의 경쟁으로 심신을 긴장하게 하고, 강의 욕심으로 내 에너지를 과도하게 뿜어 지치고, 내 마음대로 되지 않는 작은 욕심들 사이에서 오는 불협화음의 에너지를 마치 청정한 바람이 나를 쓰다듬고 지나가는 듯하다. 그리고 나는 말끔한 기분으로 그 오솔길을 되돌아 내려온다.

어느 새 저녁이 되었는지 시야가 어두워진다. 집에서 멀어져 있지만 나는 서두르지 않았다. 어둠 속을 잠시 걷는 것도 내겐 새로운 일이고 나를 보는 시간이기도 하기 때문이다. 마을로 들어서니 집집마다 불이 밝혀 있지만 담장 바깥의 골목에는 어둠이 짙게 드리워져 있었다. 어두워 보이지 않는 것을 경험하며 두려움도 알고, 자신을 낮추기도 한다. 내게 이 작은 경험들은 그래서 소중하다. 골목길을 빠져나와 멀리 순환로를 바라보니 달리는 자동차의 불빛이 찬연하다. 지친 영혼들이 쉴 둥지를 찾아 돌아오는 시각이다.

생각해보면 어떤 갈림길에 설 때 나는 작은 길을 택하곤 했다. 운전을 할 때에도 고속도로보다는 지방도로를 좋아한다. 군자는 대로행이라 했지만 큰 길 위에서 큰 일 하기 좋아하는 사람들 치고 제 욕심 적은 거 보기 어렵고 마음 넉넉한 이 보기 드물었다. 그보다 나는 군자가 아니니 소인으로 살면서 작은 것들 꿈꾸며 내 식대로 작은 길, 오솔길이 주는 소박함을 즐기고 싶어 했다. 어찌 소박함뿐이겠는가. 오솔길이 내주는 겸손함과 인간다움과 따뜻함과 느긋함과 곡선의 아름다움까지 모두 얻어가고 싶다. 자칫 직선의 대로를 달리는 자가 빠질 욕망과 오만함과 성급함 등속에서 조금은 자유로울 수 있으니 얼마나 다행한 일인가.

꽃물 들여 주는 시간

초가을, 비를 머금은 구름이 낮게 흘러가고, 바람 또한 심상찮은 오후에 길을 나선다. 장성을 경유해서 고창에 가는 길이다. 굽이굽이 산모퉁이를 끼고 돌아가다 보면 숲도 보이고, 작은 호수도 보이고, 철 따라 바뀌 피는 길 가의 들꽃도 만난다. 그것들을 보는 재미가 제법 크다. 방장산으로 향하는 길목에 들어서자 코스모스의 향연이 내 마음을 환하게 밝혀준다. 그러나 사랑스런 꽃들도 비를 몰고 올 것 같은 세찬 바람결에 이리저리 흔들리고 있다. 가녀린 저 몸을 지킬 수 있는 힘은, 꺾일 줄 모르고 줄기차게 쏟아 붓는 한여름의 장대비를 맞으며 인내한 후의 지혜일 터이다. 동병상련인가, 내 마음에 금세 꽃물이 든다. 나도 저렇듯 누군가에게 꽃물 들여 주는 사람이었으면!

올 여름, 나는 조금 앓았다. 많이 아픈 사람에 비하면 조금 앓았지만, 그래도 자신에게는 큰 고통이었다. 모든 생명체들은 자생력을 가지고 있다는 것을 알면서도 그 생각을 내게 적용시키지 못할 만큼 약해졌다. 정신과 육체로 이루어진 인간은 둘 중 하나가 무너지면 서로의 영향을 받는다. 무엇보다 고통스러운 것은 몸과 마음을 내 의지대로 할 수 없는 일이었다. 마음이 아픈 원인을 찾던 의사는 내게 사랑을 받지 못해서라고 말했다. 내가 애정을 가진 사람들로부터의 소외감이 깊은 상처를 남겼고, 무의식 속에 잠재되었던 유년의 슬픔에 파문을 던진 것이다.

사춘기 시절에도 잘 견뎌온 내가 새삼스레 지천명의 나이를 앞에 두고 아파하는 이유가 뭘까를 고민했다. 그것은 자연의 섭리였다. 가파른 산길을 오르듯, 열심히 살아온 젊은 날이 있었다면 이제는 고갯마루에서 잠시 휴식을 취하며 재충전이 필요할 때라는 몸과 마음의 신호였다. 맺힌 것이 있으면 풀어헤쳐 가둬둔 내 영혼을 자유롭게 해줘야 할 터이다. 덧나는 상처의 아픔이 싫어 비겁하게 외면하거나 피하지 말고 언젠가 한 번은 나를 위로하기 위해서라도 진실로 내 자신이 원하는 게 뭔지를 깊이 들여다봐야 할 일이었다. 인간에 대해 혼자 절망하고 홀로 슬퍼하지 말고, 아프면 아프다고 하소연할 기회를 내게도 줘야 했다. 인간은 근본적으로 외로운 존재이고 결국은 홀로 서야 한다고 미리 결론내릴 일은 아니었다.

그동안 내가 자신을 통제하고 살았다는 것은 거짓말이다. 저 심층에 있는 무의식이 제발 나를 사랑해달라고 지금 반란을 일으키고 있으니까. 의식과 이성으로 제어할 수 있는 것도, 본능의 영역인 무의식까지는 제어하지 못한다. 보이지 않는 무의식이 훨씬 더 강력한 힘을 발휘하기 때문이다. 그래서 인간은 이성보다 감성에 강한 존재인 것이다. 자신을 보듬어 사랑하기보다는 채찍질 하는 데에만 주력했으니 내 안의 나는 얼마나 외로웠을까. 쉼 없이 달려온 길, 이제 좀 쉬어가자는 내 몸과 마음의 소리 없는 아우성에 귀 기울여줘야겠다. 내 슬픔에게도 위안이 필요할 터이니.

집으로 돌아오는 길, 나는 문득 방장산 가는 길의 코스모스를 떠올렸다. 이제 내게도 꽃물 들여 줄 때가 되었나보다.

전어회를 먹으며

지난 주말이었다. 남편과 함께 전어를 먹으러 가까운 횟집에 갔다. 씹을수록 고소한 맛이 나는 것이, 역시 가을 전어였다. 그래서 '가을 전어는 깨가 서말'이라고 했던가. 그 맛이 얼마나 좋았으면 집 나간 며느리도 돌아온다고 했을까. 우리는 전어에 대한 찬사를 늘어놓으며 전어회를 맛있게 먹고 회초밥까지 주문했다. 나는 그렇게 시장기가 가시고서야 옆자리의 사람도 흘끔거릴 여유를 가졌다. 사실 타인에게 별 관심이 없었지만 옆자리의 남자가 상대에게 '우린 영원한 동반자'라고 외쳤기 때문에 잠시 시선이 갔고 점차 호기심이 일었다.

오십 중반으로 보이는 남자와 조금 더 젊어 보이는 남자가 전어회 한 접시를 놓고 대작을 하고 있었다. 대화의 내용으로 보아 젊은 사람이 '창고장'으로 부임을 하게 되는 모양이었으며, 나이 든 사람이 그를 먼저 만나 이런저런 정보를 주며 잘 지내보자는 의미에서 술을 사는 낌새였다. 그러나 소수 세 병이 다 비워지는 사이 전어회도 바닥이 날만한데 접시는 아직도 절반 이상이 채워져 있었다. 남은 전어를 보면서 나는 그들이 전어를 별로 좋아하지 않는 줄만 알았다. 시간이 점점 흐르면서 나이 든 남자는 잘 지내보자고 다짐에 다짐을 수없이 했건만, 할 이야기가 바닥이 나서 동어반복을 계속하고 있으면서도 두 사람은 일어서지 않았다. 끈기 있게 기다리던 새 창고장이 마지못해 '이제 그만 일어납시다'하며 아주머니를 불렀다. 눈치 빠른 아주머니가 계산서를 들고 오자 새 창고장이 그걸 받으며 지갑을 꺼냈다. 계산서가 창고장에게 넘어가자 드디어 나이 든 남자가 바지 호주머니를 뒤지더니 만 원짜리 한 장을 꺼내 새 창고장에게 건네주었다. 순간 나와 남편은 눈길을 주고받으며 의미있는 웃음을 웃었다. 분명 '영원한 동반자'임을 외치던 나이 든 남자가 계산할 거라는 우리의 예측이 빗나갔기 때문이다.

창고장이 만 원을 받을 리가 없었다. 나이 든 남자는 '마누라에게서 타왔다'며 아이들에게 과자라도 사다주라고 몇 번 더 권했지만 상대 역시 그러지 못했다. 하는 수 없다는 듯이 남자가 던져주었던 만 원을 다시 호주머니에 넣으며 '나는 자네에게 만 원을 주었네'라고 말했다. 이쯤에서 나와 남편은 다시 한 번 웃었다. 우리로서는 행동하지 못하는 어처구니없는 일이었기 때문이었다. 분명히 주지 않은 돈을 주었다고 말하는 남자의 심리가 무엇일지 그 짧은 순간에는 알 수 없었다. 그러나 이야기는 끝나지 않았다.

계산은 새 창고장이 하였지만 나이 든 남자는 다시 아주머니를 불러 나머지 전어를 포장해 달라고 말했다. 자신이 계산하지 못한 미안함을 나머지 전어를 포장해서 새 창고장에게 들려보냄으로써 대신하려는 것으로 나는 생각했다. 그 때 우리는 회초밥에 식초가 너무 많이 들어있어 된장국에 공깃밥을 다시 시켜 먹고 있는 중이었다. 그러나 포장된 나머지 전어는 나이 든 남자의 손에 들렸고, 두 사람은 일어서 밖으로 나갔다. 그 순간 나는 된장국을 떠먹으며 나이 든 남자의 다음 행동을 상상하고 있었다. 나머지 전어를 가지고 집으로 가서 마누라에게 전어 사왔다고 내놓으며 남편으로서의 호기를 부릴 거라 생각했다. 그러나 내 생각을 들은 남편은 고개를 저으며, 집으로 가는 게 아니라 소주 한 병 사들고 공사장으로 가서 인부들과 함께 나눌 것이라 말했다. 남편은 그 남자를 일용직 노동자로 보고 있었다. 아, 그럴 수도 있겠구나. 순간 가슴이 답답해졌다. 맛있게 먹었던 전어가, 이미 식도를 지나 위장으로 들어가 위액에 섞여 있을 전어가 입안에서 심한 비린내를 풍기고 있었다.

'누군 한 끼 식사비로 몇 만원을 쓰는데……' 남편의 말이 묵직한 돌덩이로 가슴에 와 박히는 순간부터 그 맛있게 먹었던 전어가 비릿한 냄새로 자꾸 목구멍을 타고 올라왔다. 그것은 우리의 사정이고, 돈 있는 사람들이야 더 많이 쓰고 살지 않겠는가. 그게 뭐 대수라고 내가 신경을 쓰는 걸까. 자본주의 사회에서 능력대로 부를 축적하고 능력대로 소비하고 사는 것이 무슨 문제가 되는 거라고. 인간은 누구나 자신의 방식대로 살아갈 텐데. 부자도 때로는 지독한 슬픔을 안고 있듯이, 가난한 자도 그들대로의 생존법칙이 있고 나름대로 삶의 기쁨을 지니고 살아갈 텐데 오지랖 넓게 내가 무얼 넘보겠다는 것인가.

그러나 집으로 돌아온 후에도 나는 그 장면을 쉽게 잊지 못했다. 가난한 시절을 경험했고, 그로 인해 불편함을 겪어야 했으며 청년기 시절엔 좌절감을 맛보기도 했던 나는 전어회를 먹던 그 시간에서 자유로워지지 않았다. 돈이 사람은 아니지만 사람을 표현하는데 돈만큼 풍부한 의미를 갖는 게 얼마나 있던가. 아내에게서 받아온 만 원에 사람으로서의 체면과 예의와 자존감, 조직에서의 사회성…. 그 남자, 한 사람의 모든 것이 그 만 원에 담겨 있는 것 같아 가슴이 먹먹해졌다. 하루 벌어 하루를 근근히 살아내는 그들이, '마누라에게 타 온 만원'을 어떻게 사용하든 내 알 바 아니라고 세차게 고개를 흔들어도 내 아릿한 마음은 쉽게 지워지지 않았다.

나뭇잎 흔들리듯이

관세음보살, 관세음보살. 내가 내는 소리가 참 듣기 좋다. 관세음보살을 부르는 내 목청이 꽤 낭랑해서 사랑스러울 지경이다. 이 시간이 행복하니 그럴 수밖에 없다. 그럼에도 관세음보살과 관세음보살 사이에 자꾸 헛생각이 끼어든다. 어제 냈던 기말시험 문제가 좀 어렵지 않을까, 시험 범위를 좀 좁혀줄 걸 그랬나 하는 후회가 이어진다. 무엇인가 생각을 하고 있다는 것을 자각하는 순간 옆에서 나는 남편의 목소리에 맞춰 재빨리 합류한다. 다시 관세음보살 정근에 몰두한다. 얼마 지나지 않아 책상에 앉아 공부만 하느라 허리가 아프다는 딸 생각이 불쑥 찾아온다. 달려가 직접 치료해 주지 못하는 어미의 안타까움이 싸아하니 밀려와 가슴에서 소(沼)를 이룬다. 마음이 움직여 안타깝다는 연민의 감정을 만들어낸다. 그런 감정이

미꾸라지처럼 활동을 하면 방죽은 온통 진흙물 투성이가 된다.

이번엔 좀 더 의지를 굳게 하여 코끝에 의식을 모아 다시 정근을 한다. 몇 번의 흔들림이 지나간 뒤, 겨우 일상의 상념들에서 빠져나와 나의 세계로 들어간다. 그곳엔 그 누구도 끼어들지 않는 오롯한 나의 공간이 있다. 그곳엔 더럽고 깨끗한 것의 구분도 없고, 미추美醜의 구분은 물론이며 심지어는 선악의 분별도 없을 것 같다. 그러나 나는 너무 오염돼 있어 그 자리에 머물지는 못한다. 그것은 마치 사람의 입김에도 녹아버리는 부드럽고 순결한 눈송이 같다. 겨우 눈길로만 일별하고 돌아서야 하는 내 마음 자리, 상대적인 무엇도 없는 완전한 그곳에 이르려면 나는 수없이 많은 것을 버려야 할 것이다. 이 시간, 아직 그 마음자리를 밝히지 못한 나는 산소가 부족한 수족관에서 숨쉬기를 위해 수면 위로 자주 고개를 내밀어야 하는 작은 열대어 같다.

관세음보살을 간절하게 부르던 나는 나를 따라 어디론가 조금씩 흘러간다. 드디어 물살 따라 춤추던 방죽의 물이 어느 곳에 머물 듯, 내 마음도 어렵사리 한 곳에 자리를 잡는다. 번뇌의 미꾸라지가 헤집어놓은 방죽의 물이 조금씩 가라앉기 시작한다. 그 사이로 여전히 물방개비가 헤엄을 치고 수초들이 흔들거리지만 미꾸라지는 더 이상 머물지 않는다. 나는 저 밑의 바닥으로 고요히 내려가기 시작한다. 내가 가진 맑은 에너지의 용량대로 갈 수 있다. 침전하듯이 한없이 가라앉는 느낌이다. 그 순간에 오는 아득하고도 아늑한 평화로움.

어느 순간, 대웅전 나무 바닥으로 스며드는 나지막한 종소리가 들린다. 나뭇잎 하나 떨어져 잔물결 일 듯, 종소리는 심장 한가운데로 와서 내 몸의 실핏줄까지 스며든다. 온 몸에 파상으로 번지는 저 소리. 나는 그 소리 따라 다시 낮게 낮게 흘러가본다. 고요하게 종을 치는 스님의 마음에도 들어가 보고, 종소리에 담은 선사들의 뜻도 따라가 본다. 그 종소리를 듣고 세상의 모든 미물들이 놀라지 않게 깨어나라는 메시지도 헤아려본다. 이제 종소리는 점점 웅장하게 울려 퍼진다. 생명 있는 모든 중생들의 귀를 열어 무명에서 벗어나라는 염원의 소리다. 그 소리들이 내 마음을 투과해 지나는 순간 나는 나를 말끔하게 헹구고 있다.

나는 이 시간을 참 좋아한다. 기도하는 시간은 무엇을 위한 것이든 간절하고 아름다운 순간이기 때문이다. 나는 이 시간에 내 안에 넘치는 많은 욕심과 이미 내 것이 되어버린 자잘한 생각들과 관념들과, 삶에서 오는 온갖 갈등들을 버리기를 소망하며 기도 한다. 내 기도는 내게 없는 무엇인가를 얻으려는 욕망을 향한 기도가 아니라, 오히려 너무 많이 가져서 나를 힘들게 하는 것을 버리기 위한 것이다. 무엇인가를 갖기 위해서가 아닌, 나를 옥죄고 나를 놔주지 않는 욕망의 끈을 줄이고, 놓기 위해서이다. 이를테면 생각 버리기다. 내 생을 살아오면서 수없이 많은 사람을 만나고 헤어지는 과정에서 나와 인연으로 사슬이 된 모든 존재들과의 매임에서 풀려나는 것을 기원한다. 심지어는 가장 가까운 가족 관계까지도 말이다. 그래서 영혼이 자유로워질 수 있다면 나는 진정 자유로운 사람이 될 수 있을 것이다.

그렇게 버리기를 소망하는 기도가 조금씩 발전해가면 나는 내가 서 있는 시간과 공간에 구속받지 않을 수 있을까. 존재들을 만나 사랑하고 헤어져도 마음 다치지 않고, 누가 나를 긁어 흠집을 내도 나는 그 상처자리를 쓰다듬는 자생력으로 초연할 수 있을 것이다. 그게 내가 지향하는 내 모습이다. 그러나 그 초인의 삶은 내게 쉽게 다가오지 않을 것이다. 그게 쉽다면 세상은 온통 도인 천지이겠기에 하는 말이다. 그걸 알면서도 내가 기도하기를 좋아하는 이유는 그 순간의 평온함에 있다. 그 짧은 평정의 시간들이 모아지면 내 마음이 편안하게 쉴 수 있고, 그 평화가 나를 고요하게 정화시켜 주기 때문이다. 정녕 그 순간에는 자신을 맑히는 성숙한 일이 가능하다는 것을 나는 이제 안다.

세상에 존재하는 모든 것들은 흔들리면서 살아가고 흔들리면서 성숙해진다. 마치 방죽의 연꽃이 진흙 속에서 더 맑은 꽃을 피우듯이. 지금 이 글을 쓰고 있는 순간에도 한 친구는 홀로 키운 자식이 수능시험을 못 봐서 세상 살 의미를 잃었다고 말하고, 한 친구는 남편 몰래 사 둔 주식이 폭락하여 죽고 싶다고 말했다. 모두들 제가 지은 인연대로 살아가는 것을. 몸을 부려 살아온 것에 대한 대가로 병이 들 때가 되면 몸이 아프고, 마음을 너무 많이 쓰고 살아온 결과로 마음이 병들 뿐인데. 늙을 때 늙고, 병들 때 병드는 것을. 문득 엊그제 한 남자를 사랑하는 괴로움을 말하던 후배의 그늘진 얼굴이 떠오른다. 사랑하면 사랑하는 대로, 미워하면 미워하는 대로, 욕망하면 욕망하는 대로, 나나 그들이나 모두 자신이 맺은 인과대로 거둘 것이며, 기쁨도 괴로움도 함께 누릴 것이다. 사랑한다고 고통이 없지는 않을 것이며, 미워한다고 기쁨이 없지는 않을 것이니. 세상에 절대가치나 절대적인 무엇은 없는 것이니, 그저 인연 따라 흐르고 자신이 지은대로 얻는다고 생각하면 욕심내고 종종거릴 것도 없지 않은가.

물이 아래로 흐르는 속성을 지니고 있듯, 빛이 밝으면 그림자도 짙다. 이렇듯 어느 것이든 존재의 양면에 대한 세상 이치는 오히려 더 명료하다. 한 해가 저물어가는 겨울의 중심에서 어느 날 나는 문득 깨닫는다. 이런 작은 깨달음을 갖게 해주는 것은 나를 성찰하며 살아온 것에 대한 답례인가. 현실 속의 존재로 살아가면서 가능한 한 욕망을 줄이기 위해, 때로는 지금보다 더 많은 것을 버리기 위해, 나는 관세음보살을 염하며 기도할 것이다. 그것의 시작이 나를 위한 기도였을지라도, 내가 속한 세상을 향한 내 최선의 동참의식이 될 것이다.

〈나뭇잎 흔들리듯이〉에 대한 변명

작품 〈나뭇잎 흔들리듯이〉는 내 삶의 변화와 그 궤를 같이 한다. 또한 수필에 대한 주관이 뚜렷한 작품이기도 하다. 어쩌면 그 주관이 매우 선명하여 고개를 돌리는 독자가 있을 수도 있겠다. 그러나 아무리 훌륭한 작품도 모든 독자로부터 찬사를 받을 수는 없다. 지금 이 시간이라는 현실을 살고 있는 작가도, 독자도, 그리고 우리네 삶도 그만큼 다양해져서 획일적인 현상은 일어나지 않기 때문이다. 대학원 석사논문에 신화를 적용시키다 보니 신화나 인류학에 대한 관심이 많았다. 사람은 자신이 관심 있는 것을 더 많이 보고 생각하게 돼서 1년 전에 우연히 ≪대칭성의 인류학≫을 접하게 되었다. 그것도 인연이었는지 그 무렵 나는 불법에 대해 공부를 시작할 때였다.

이성의 논리와 과학, 그리고 자본주의에 푹 빠져 인간이 가진 진실이 자꾸 가려져버리는 시점에서 나는 사람들에게 싫증이 났다. 나는 바람 세찬 세상사와 부딪치는 것을 원하지 않아 주변에 서 있고자 했는데, 그게 힘을 갖지 못한 자의 수동적 행위로, 혹은 바보스러움으로 치부되기도 했다. 그러다보니 내가 편안한 곳은 학교와 절寺이 되었다. 문학에 발을 디밀고 있으면서도 문학 또한 사람이 하는 행위여서 그 사회도 마찬가지였다. 몇 년 동안 나는 내 안식처에서만 살아 지금은 세상 물정 모르는 진짜 바보가 되었는지도 모르겠다. 그런 이유들로 나는 내 세계를 더욱 공고하게 했을 것이다.

≪대칭성의 인류학≫을 통해 문명이 존재하지 않던 시기의 인류의 순수한 마음을 알게 되었는데, 저자는 그것을 부처(인간 모두에게 있는 청정한 자성)의 마음이라 칭하며 화엄사상으로 증명해낸다. 프로이트의 표현대로라면 '현대인의 무의식에서 태고의 잔재를 발견'할 수 있다는 것과 동일한 맥락으로 보아진다. 따라서 우리의 무의식에는 최초 인류의 순수한 마음이 내재되어 있다는 의미이다. 인류 초기에는 모든 사람들이 이 마음으로 살았다. 그래서 진리를 주장하거나 밝히려 애쓰지 않고도 삶이 진리가 될 수 있었고 그래서 행복할 수 있었다. 지금 이 글을 읽고 있는 독자들은 혹여 내가 종교 이야기를 하고 있다고 생각할지도 모르겠다. 그러나 결코 그렇지 않다. 나는 인간의 이야기를 하고 싶고, 학문을 말

하고 싶고, 문학을 말하려 한다. 그 중에서도 문학은 인간이 믿고 의지하며 행하는 종교까지도 포괄해야 그 품이 넉넉해진다는 것도 덧붙이고 싶다.

다시 주제로 돌아와서, 나는 그 이후 내 관심사였던 인간의 '마음'에 집중하기 시작했다. 인간에게 가장 근원적인 문제는 인간의 내면에 있다고 생각했다. 인간성의 변화라는, 세상의 모든 문제의 진원지는 문명의 발달이나 자본주의 문제 따위가 아니라 우리들의 마음에 있기 때문이다. 마음을 아는 것은, 나를 이해하고 타자를 이해하기 위한 내 최선의 방식이었다. 그 속에 세상의 이치가 내재해 있기도 하다. 이런 노력은 어쩌면 세상을 이해하고 함께 어우러져 보려는 내 몸부림이었는지도 모르겠다.

이름 하여 그 순수한 마음이라는 것이 궁금하여 기도를 시작했다. 그 기도는 마음을 찾게 해달라는 기도라기보다 지독한 생각들로 한시도 비울 수 없는 내 마음을 쉬게 하기 위해서였다. 끊임없이 생성되는 생각들을 쉬면 가장 깊이 감추어진 순수한 성품의 작은 흔적이라도 잡아볼 수 있을까 하는 간절한 바람이 있었다. 기도를 하면서 짧은 순간이지만 나는 〈나뭇잎 흔들리듯이〉에 썼던 그 순간들을 경험한다. 나를, 가장 순일하게 만들어 내 마음을 가장 평온하게 둘 수 있는 찰나이기도 했다. 그렇게 마음이 어떤 것이라는 걸 지식으로 알고 기도하면서 작은 체험을 하게 되자 놀랍게도 나 자신은 물론 타인을 이해하는 마음이 생기기 시작했다. 그 이해의 범주는 마음이 어떤 것인지 이해하는 사람만이 알 수 있는 영역이다. 결코 피상적이지는 않지만, 그렇다고 여기에 다 적을 수도 없다. 내가 순리대로 조금이라도 순수하게 사는 것, 그것이 또한 내가 속한 세상에 모래알만한 도움이라도 주고 싶은 바람이며 그 실행이 될 것이다.

서두에 작품에 대한 내 주관 운운하였다. 어쩌면 독자들로부터 깊게 공명 받지 못할 사유의 영역을 굳이 작품화한 이유는 나름대로 자명하다. 세상에 수필가는 독자 수만큼이나 많은 것으로 알고 있다. 그들이 써내는 삶의 이야기들, 아름답기도 하고 슬프거나 행복하기도 한 많은 이야기들이 차고 넘쳐난다. 그 맥락에서 나는 모두에게 호응 받지 못해도 남과 다른 이야기를 써보고 싶었다. 그것이 문학을 공부하고 그것에 한 생을 다할 내 숙명을 아는 자의 자긍심이고, 반면에 왜곡되면 고집이 될 수도 있다는 것을 아는 자의 치기이기도 하다.

예전에 인류학을 공부하며 대지와 모성에 대한 소재로 〈귀환에로의 꿈〉을 쓴 적이 있다. 물론 충분히 곰삭히지 못한 나의 불찰이지만 몇몇 독자들은 지독한 혹평을 했다. 그들은 모두 작품의 형식을 보는 것에만 치우쳐 내가 쓰고자 하는 내용은 아무도 논의하지 않았다. 그건 과문한 내 탓이어서 나도 입을 다물었다. 그러나 얼마

전에, 돌아가신 한 수필가가 그 작품 평을 하신 것을 나중에야 보았다. 그 분만이 내가 쓰고자 한 텍스트를 정확하게 읽고 설익은 형상화를 지적하기보다는 내용의 깊이에 찬사를 보내주셨다. 그 소재의 세계를 아는 자만이 그 작품을 제대로 평가할 수 있는 예였다.

이를 통한 내 의도는 독자 여러분이 이미 간파하셨으리라. 쓰는 자 만큼이나 읽는 자의 관점이 다양하다. 텍스트는 독자의 몫이긴 하지만 그 독자를 끌어가는 건 작가이다. 많은 수필가들이 말하는 표현방법의 유창함을 넘어설 능력이 내겐 없는 탓도 있어 나는 그들과는 다른 무엇인가를 시도하려 했다. 그래서 누구나 할 수 있는 이야기를 나까지 나서서 쓰지 않아도 된다는 생각을 하고 있다. 또한 우리는 수필을 쓰면서 지나치게 금기에 매여 있지 않은지 되새겨 봐야 할 것이다. 수필이 신변잡기로 전락하지 않으려면 형상화도 잘 되어야 하지만 소재를 다양하게 바꿔보는 것도 괜찮겠다. 우리는 수필의 범주를 스스로 옭아두어 그것의 발전을 저해하고 있는 건 아닌지 생각해 볼 여지가 있다.

아리스토텔레스가 모방론에서 그랬던가. 태양 아래 새로운 것은 없다고. 대 전제야 그렇지만 우리네 삶에서 똑같은 것 또한 없다. 현대는 차이의 시대이니까. 타인의 작품에서도 무엇이 다른지 조금만 눈여겨보면 찾을 수 있다. 그러면 내 작품도 그렇게 쓸 수 있다. 그보다 더 중요한 건 세상을 보는 작가들의 깊은 시선이겠지만. 이

것이 숨 가쁘게 변화하는 세상에서 우직하게 살아가는 내가 수필을 말하는 방식이다.

4
생각대로 되는 세상

생각대로 되는 세상

– 지구상에서 가장 먼 거리에 있는 것의 이야기

이것은 분명 선무당의 딜레마다. 언제부턴지 글을 쓰거나 말을 하기 위해 생각을 할 때면 내가 주제 삼은 그 대상의 시원은 무엇일까를 캐묻게 되는 습관이 생겼다. 책상 앞에 앉아 점점 깊이 생각하다보면 인류의 시원은 무엇일까 라든가, 인간의 본성은 어떤 것일까, 순수하다는 건 어떤 상태를 이르는 것일까 등속의 현실에 걸맞지 않는 생각에 빠져들기도 한다. 그러다보면 정작 내가 쓰려던 글은 쓰지 못하거나 썼다 해도 주제의 방향이 틀어져 있기도 했다. 이건 분명 큰 병이지 싶다. 이 버릇이 유용하지 않은 것은 물론이고 쓸데없는 생각까지 많이 하는 건 세상을 무익하게 할 뿐더러 나 자신에게도 무용한 것이겠으니. 참을 수 없는 존재의 가벼움에 길들여진 우리들에게 골칫거리를 제공하기도 할 테니 오늘도 그런 우를

범하지 않을까 하는 염려가 미리 생긴다.

오래전 일이지만, 우연히 TV 광고를 보다가 '생각대로 되는 세상'이라는 문구를 접했다. 참 매력적인 말이었으니 흥미가 동할 수밖에. 하루하루 발등에 떨어진 불 끄듯 허겁지겁 살아가며 정작 하고 싶은 일은 뒷전으로 미룬 지가 언제인지 새삼스러운 나로서는 귀가 솔깃하지 않을 수 없었다. 누군들 그러지 않을까. 현실에 발 담그고 사는 이들로서는 참 반가운 소리였을 터였다. 어쩌면 생은 생각대로만은 되지 않는다는 이치를 미리감치 깨닫고 체념하는 심정으로 현실을 마주하고 있던 내게 속아도 좋으니 한 번 믿어보라는 희망어린 꼬드김으로 들렸을지도 모를 일이다.

잠시 얇아진 귀를 세우고 광고의 내용을 더 들어보니 생각대로 되는 세상이기는 하되 하나같이 얄팍한 상술로 무장된 이야기들이었다. 조삼모사의 이치. 그들이 말하는 생각대로 이루어지는 세상은 엄밀히 말하면 생각대로 이루어지는 세상이 아니라 소비자들이 대가를 치른 만큼 이익을 얻어가는 세상이었다. 이익 따라 생각이 옮겨가는 세상인 셈이다. 원래 당신이 생각했던 대로 생활을 끌어가라가 아니고 이러한 조건을 부여해 줄 테니 네 생각을 바꿔서 선택하라는 얘기였다. 한 마디로 좀 더 계산 잘하고 영악하고 민첩하게 움직이면 조금 나은 경제성을, 이익을 담보해 주겠다는 것이다. 그 문구가 광고라는 것을 나는 잠시 잊고 있었다. 광고의 속성을 말이다. 그러면 그렇지. 광고 문구에 현혹되어 잠시 꿈을 꾼 내가 못난이지. 인간은 본질적으로 이타적 존재는 아니니 빨리 몽상에서 벗어나는 것이 현명했다. 생각대로 되는 세상이라니, 언감생심, 어찌 그런 세상이 도래할 것인가.

가끔은 광고를 보며 예술적 창의성을 얻기도 하고 우리 삶의 양태들을 묶어보기도 할 만큼 광고가 문화의 척도를 가늠하게 해준다는 것을 알고 있다. 광고 속에 우리 삶이 고스란히 투영되어 있으니 당연한 일이다. 그만큼 광고의 순기능과 역기능을 잘 알고 있다. 그럼에도 자본의 천박성을 가장 잘 드러내는 것이 광고이기도 해서 그에 대해 나는 부정적 혐의를 더 짙게 갖고 있다. 아니, 부정적이라기보다는 비판적이라는 편이 더 정확하겠다. 그것은 광고만의 문제가 아니라 우리 모두의 모습이기도 하니 광고의 메커니즘을 이해하면 너무도 당연한 말이다. 이 세상 누구도 자본의 속성에서 자유롭지 못하고 그에 영향 받고 영향을 주며 살아가기 때문이다.

이제 나는 광고에서 벗어나 진정 우리네 삶에서 '생각대로 되는 세상'의 의미를 말해보고 싶다. 조금만 진지하게 우리의 모습을 돌아보면, 생각이 우리의 일상을 끌어가는 것이 아니라 일상이 우리의 생각을 전복시킨다는 것을 알 수 있다. 생각이 세상을 끌어가는 것이 아니라, 복병처럼 숨어있는 우리네 욕망을 실현하는 현실이 우리의 생각을 끌어간다는 것이다. 이를테면 우리는 내 이익을 위해 생각을 바꾸고, 부자가 되기 위해 생각을 바꾼다. 모두들 손해 보지 않기 위하여, 혹은 자신의 편리를 위하여, 경쟁에서 이기기 위하여 생각을 바꾼다는 의미이다. 삶을 위해서는 어쩔 수 없는 일이라고 자신을 합리화시키면서. 한 번 결심한 바른 생각을 당당하게 자신의 현실로 용기 있게 끌어가는 사람은 흔치 않을 것이다. 그렇게 살아가려면 자신의 많은 것을 내놓고도 바보 취급당하기 십상일 것이니까(역사에서 가끔 그런 분들이 있었다). 인간은 사회적 존재여서 홀로 살기 어렵기 때문에 더 그럴 것이다. 어쨌든 이러저러한 까닭으로 대체로 우리는 생각대로 현실을 끌어가지 못하고 그 현실 따라 생각을 바꾸며 산다.

그렇게 생각을, 의지를 현실에 빼앗기고 변화해가는 중에 우리의 생각의 근원인 순수한 마음은, 진실한 마음은 어딘가로 자취를 감추고 말 것이다. 그 작고 앙증스런 조막손과 까만 눈동자 속에 담겨 있던, 시원적으로 가지고 태어난 우리들의 진실한 마음은 우리네 일상이 좀먹고 물들여 소멸시킨 것은 아닌지 모르겠다. 그 마음이 보존돼 있어야 좋은 생각도 담아둘 수 있을 텐데.

지구상에서 가장 먼 거리에 있는 것이 머리와 가슴이라 했다. 이성으로는 얼마든지 좋은 생각을 할 수 있지만 감정이 스며들어 실천하는 데는 수 없이 많은 이유들이 작용하여 그만큼 어렵다는 의미일 것이다. 그 과정에 복병으로 숨어있는 우리들의 욕심이 문제를 만든다. 생각은 그러지 않아야 한다고 하면서도 일상의 편의가 내 생각을 견지해가지 못하게 해버린다.

우리는 행복하기 위해 부단히 노력하며 살아가지만 욕망만 부풀리는 삶은 행복을 관념 속에 가둘 뿐이다. 넓은 의미에서 '생각대로 되는 세상'은 맞다. 인류가 생각한대로 세상은 만들어져 왔기 때문이다. 그러나 이즈음에서 그 참 의미를 한 번 돌아보는 것도 괜찮은 일이지 싶다. 넘쳐나는 잉여의 에너지를 좋은 생각으로 전환하고 실현해갈 수 있다면 진정 '생각대로 되는 세상'이 가까워지지 않을까.

포장

친구가 그림 전시회를 한다는 초대장을 보냈다. 팜플렛에 새겨진 붉은 단풍이 만추의 계절임을 실감케 했다. 입으로는 가을이야, 가을이야 하고 외쳐댔으면서도 정작 늦가을이 주는 약간의 쓸쓸함과 고즈넉함 따위의 센티멘탈리즘에 빠져보지 못했다는 생각이 들었다. 넘쳐나는 감성은 때로 일상을 흩뜨려놓지만 적당한 감성은 우리네 삶을 훨씬 윤기 있고 풍요롭게 장식해 주지 않던가. 그 감정의 선을 끊고 싶지 않아 작정하고 예술의 거리에 있는 갤러리로 향했다. 축하의 마음을 어떻게 전할까 고심하다가 꽃을 사기로 했다.

꽃집의 진열장 안에는 소국이 아주 앙증맞게 피어있었다. 화려한 색은 화려한대로 소박한 색깔은 소박한대로 모두 마음에 들었다. 어떤 걸 선택할까 망설이다가 그림 전시회니까 꽃이 그림보다는 덜 화려해야 한다는 생각으로 들국화를 닮은 흰 소국을 선택했다. 결국 내 취향을 택한 셈이지만 오히려 화려한 색깔보다는 그 장소에 잘 어울릴 것 같아 나름대로 만족스러웠다. 소국 세 단을 뽑아든 아가씨는 흔한 색깔이 아니어서 더 예뻐 보인다며 내 안목을 살짝 칭찬해 주었다. 아가씨는 포장지가 진열된 좁은 안쪽으로 들어가서 포장을 시작했다. 꽃집 안은 어둡고 을씨년스러워 보여서 나는 길가에 세워놓은 화분들을 살피면서 기다렸다.

아가씨가 꽃다발을 들고 내게로 왔다. 포장지에 둘러싸인 내 꽃은 몰라보게 달라졌다. 소박하고 단아한 모습이었던 소국은 포장지의 화려함과 격이 맞지 않아 오히려 제 품격을 잃어버렸다. 눈에 띄는 화려함으로 보면 주류와 아류가 완벽하게 바뀌어 있었다. 이중 삼중으로 덧대진 포장지에 싸여 꽃은 본래의 제 이미지를 잃고 초라해 보이기까지 했다. 나는 미리 주문하지 않은 자신의 불찰에 대해 후회했다. 대부분 꽃을 살 경우 나는 가장 최소의 상태로만 포장을 해달라고 말하곤 했다. 내 집에 꽂을 꽃이라면 신문지로 둘둘 말아 들고 오기도 했다. 나는 아가씨에게 미안하지만 소국의 이미지에 맞는 포장지를 한 겹으로만 싸 달라고 부탁했다. 아가씨는 조금 불만스러워 보였다. 대부분의 손님들은 좀 더 화려하게 해달라고 하는데 유난을 떠는 손님을 만났다는 식의 그런 불평일 게다. 다시 포장된 꽃을 들고 오면서 그 자체로도 충분히 아름다운 꽃을 왜 그리도 극성스럽게 치장해야 하는지 의문스러웠다.

원래 꽃 포장의 의미는 들고 다니기 쉽게 하기 위한 의도에서 시작되었을 것이다. 십 년 전만 해도 동네 꽃집에서는 신문지로 말아 주기도 하고 줄기를 랩으로 싸거나 포일로 감아서 주기도 했다. 그러다가 서서히 포장의 방법이 화려하게 달라지기 시작했다. 그러더니 현재에 이르러서는 포장의 지경이 주객전도의 양상으로 변해갔다. 꽃이 주요소인지 포장지가 주요소인지 구별이 안 될 정도로 포장이 화려해졌다. 물론 사람의 취향에 따른 선택이라는 것은 안다. 어떤 이는 화려한 포장이 꽃을 돋보이게 한다고 생각할 수도 있으니까.

얼마 전에 작은 선물을 하나 받았다. 포장지가 어찌나 예쁘던지 풀어헤쳐 망가뜨리기 싫어서 선물을 그 상태대로 간직하고 싶을 지경이었다. 그러나 그럴 수는 없는 일이어서 포장지를 조심스레 풀어보았다. 포장지 안에 예쁜 상자가 또 들어 있었다. 그 상자 안에는 아주 소박한 선물이 들어 있었다. 포장지나 상자에 비해 너무 초라한 물건이었다. 물론 선물의 크고 작음을 말하려는 의도가 아니라는 걸 여러분은 이미 간파했을 것이다. 사람들은 내용물이 초라할수록 그것을 과대포장하려는 속성을 지니고 있다. 겉치레보다는 내용이 중요하고 그보다 더 중요한 것은 그 사람의 마음일 터이다. 그러나 마음은 사람들의 육안으로는 간파할 수 없으니 어쩔 수 없이 보이는 것으로 상대를 재단할 수밖에 없으리라. 그러다보니 본질인 내용물은 자꾸 왜소해지고 우선 시선을 끄는 껍데기가 중요한 역할을 하게 되었으리.

어떤 이가 내게 포장을 잘 해서 속마음을 잘 모르겠다고 말한 적이 있다. 그 사람은 나를 파악할 투시력을 갖지 못했던 모양이다. 나 같은 사람은 조금만 진지하게 들여다보면 금세 읽을 수 있기 때문이다. 나는 포장을 잘하는 게 아니라 포장에 서툴러 내 모습을 쉽게 드러내 보일 것이다. 그래서 나는 겉과 속을 다르게 할 재주를 갖고 있지 못하다. 필요에 따라서 표리를 다르게 하지 못하기 때문에 손해를 보거나 융통성 없다고 핀잔을 듣기도 한다. 다른 사람 앞에 서 있을 때, 상대에게 나를 잘 보이고 싶은 건 사실이지만 그러기 위해 나를 현란하게 포장하지는 않는다. 화려한 포장을 좋아하는 사람들은 나 같이 맹숭맹숭한 위인을 좋아하지도 않을 것이고, 나도 그들을 좋아하지 않는다. 그래서 나는 사람들과 쉽게 친해지지 못한다. 그러나 내 속내를 진실로 아는 사람과 가까워지면 그때는 오래도록 마음 주고받는 좋은 친구가 된다. 나는 내가 지닌 내용물에 걸맞는 만큼만 포장하고 싶다. 아니 구태여 포장하려 하지 않아도 내가 지닌 속성만큼은 상대에게 포장되어 보이리라 생각한다.

꽃집의 화려한 포장문화는 어디까지 갈까. 이러다가 포장하기 좋아하는 사람들이 제 마음까지 숨 막히도록 포장해대면 답답해서 어찌 숨 쉬며 살까. 늦가을에 소국 몇 단 사면서 나는 조금, 아주 조금 깊어진 자신을 느낀다. 그만큼 나를 둘러싼 내 의식의 포장지도 그윽해질 수 있을까. 포장은 베일에 가려진 자신의 얼굴이 상대에게 보일 듯 말 듯 만큼만 하는 게 최상이지 않을까. 꽃집에 있는 꽃들만큼이나 다양한 표정을 가진 사람들이 어울려 살고 있다. 화려한 포장을 원하는 사람도 있고, 아주 소박한 포장을 원하는 사람도 있다. 그러나 아무리 포장으로 자신의 본질을 숨기려 해도 난蘭 싼 종이에서는 난향이 나고, 분糞 싼 종이에서는 구린내가 나듯이 자신을 완벽하게 숨길 순 없다. 우리네 삶이 아무리 현란하게 변화해도, 그 현란한 포장지의 이면엔 숨길 수 없는 본질이 있다는 것, 이 가을에 내 자신에게 상기시켜본다.

다리 위의 사랑

일상적 일이란 게 끝이 없고, 반복되다보면 그 지루함에 매몰되고 싶지 않아 새로운 기분이나 생각을 찾고 싶어진다. 그럴 때면 무작정 나서서 공원을 향해 걷곤 한다.

오늘은 혼자 걸었다. 느릿느릿하게. 풀벌레 소리와 흐르는 물소리에 자신을 맡긴 채. 그러다보니 길에 묻혀 밤길엔 잘 느끼지도 못할 만큼 작은 두 개의 다리를 지나고 세 번째 다리 쪽을 향해가고 있었다. 길 양 옆으로는 하얀 메밀꽃이 흐드러지게 피어 잠시 허생원과 성처녀의 물레방앗간을 생각했다. 봉평 장으로 가기 위해 산등성이를 넘는 나귀와 조선달, 동이와 허생원의 흐릿한 행렬이 떠오른다. 흐흐, 나도 모르게 웃음이 나온다. 저만치 다리 위에 얽혀 있는 두 사람의 형상이 보여서다. 내가 다가가자 두 젊은이는 마지 못해 포옹을 풀고 주변 벤치에 가 앉았다. 자리를 옮기면서도 그들은 서로의 몸에서 손과 시선을 떼지 못했다. 하필 그들은 왜 사람들이 오가는 다리 위에서 포옹하고 싶었을까? 가로등이 정면으로 비추는 다리 위에서 몇 발자국만 옮기면 사방이 보이지 않는 어두운 공간인데. 어쨌거나 나는 그들이 사랑스러웠다. 따뜻하게 포옹하고 사랑할 수 있는 시간이 우리에게 얼마나 많이 있던가. 그럴 수 있을 때 한껏 사랑하고 아끼고 그리워해야 하리.

공원 막다른 지점까지 갔다가 돌아오는 길, 좀 전에 그랬던 것처럼 젊은이들은 다시 포옹을 한 채 다리 위에 서 있었다. 이번엔 등을 지고 서서 내가 다가가도 모른 척 한다. 그 때 떠오른 단어 하나, 오작교였다.

옥황상제에게는 직녀라는 딸이 있었는데 그녀는 하루 종일 베 짜는 일을 하며 살았다. 직녀가 짠 옷감은 눈부시게 아름다웠다. 어느 날, 직녀는 베 짜는 일을 잠시 중단하고 무심코 은하수 건너편의 청년을 보고 첫눈에 반해 옥황상제의 허락을 받아 결혼을 했다. 두 사람은 너무 사랑해 잠시도 떨어져 있으려 하지 않았다. 두 사람 다 해야 할 일을 제대로 하지 않아 하늘나라 사람들은 옷이 부족해지고 견우의 소와 양은 병에 걸려 앓고, 농작물들도 말라죽어 하늘나라가 혼란스럽고 땅의 나라도 어지러웠다. 옥황상제는 화가 나 직녀는 서쪽에서 베를 짜고 견우는 은하수 동쪽에서 살도록 명령을 내렸다. 그들이 용서를 빌었지만 옥황상제의 노여움은 풀리지 않았다. 대신 1년에 딱 한번 칠월 칠일에 만날 수 있도록 허락해 주었을 뿐이다.

그런데 1년을 기다려 만나기 위해 나온 그들 앞에는 은하수가 가로막고 있어 만날 수가 없었다. 두 사람이 슬프게 우는 모습을 본 까마귀와 까치들이 너무 불쌍히 여겨 곧 서로의 몸을 이어 다리를 만들어 두 사람을 만날 수 있게 해주었다. 이름 하여 오작교다. 칠석날 저녁 비가 오면 견우와 직녀가 상봉한 기쁨의 눈물이고, 이튿날 새벽에 비가 오면 이들이 흘린 이별의 눈물이라 전한다.

올 칠석에는 비가 많이 왔다. 아니, 해마다 칠석날 새벽엔 가는 비가 오는 날이 많았다. 너무나 사랑해서 떨어져 지낼 수 없었고 그래서 자신의 일마저 제대로 하지 못한 게 죄가 되어 벌을 받아야 했던 견우와 직녀. 그게 사랑인 것을. 사랑하는 이를 만날 수 없는 형벌처럼 가혹한 것이 또 있을까. 진실로 사랑하는 이와 헤어져야 하는 절망은 어떤 것으로도 대신할 수 없을 것인데. 내가 살고 있는 세상에서 그런 사랑이 존재할까. 사랑 하나로 1년을 기다리고, 하루 밤 만났다 헤어져도 닳지 않는 사랑이 있을까. 만났다 하면 백일을 챙기고, 1년을 기념하는 문화의 이면에는 그만큼 짧은 사랑의 기간에 대한 애도의 의미가 담겨 있다. 오래 사랑하지 못할 것 같은 불안감이 내재해 있는. 은하수 앞에 선 두 사람의 만남을 위해 까마귀와 까치가 오작교를 만들어준 것처럼, 보는 이조차 애달프도록 간절한 사랑을 만나보고 싶다. 그들을 위해 내 기꺼이 오작교 되어주리니.

다리 위의 젊은이들 곁을 지나쳐 오며 나도 모르게 마음에 파도가 일렁였다. 발걸음을 떼며 멀어지는 그들을 자꾸만 뒤돌아본다. 나는 어느 시간쯤에 있는가. 내게 사랑할 시간은 얼마나 있는 걸까. 어쩌면 스스로에게 묶여 나는 그런 자유를 반납하고 사는 건 아닌지. 혹여 그런 자유의 시간으로부터 너무 멀리 와 있는 건 아닌지, 슬몃 외로워진다. 타인의 사랑을 구원하려 말고 자신부터 구원하라, 귓불을 간질이는 작은 구원의 소리에 가슴이 먹먹해진다. 잊고 있던 자신의 내면이 파닥이며 되살아나는 느낌이다.

하마 그 젊은이들은 지금 이 시간 오작교의 의미를 자신들의 사랑의 기록에 새기고 있겠다.

이 죽일 놈의 열정아

한 부부의 지각으로 우리가 탄 버스는 예정시간에서 오십분이나 늦게 출발했다. 그들은 '원래 가까이 사는 사람이 더 늦는 것이여'하며 그 정도의 시간 어기는 것쯤은 아주 당연하다는 표정으로 들어와 자리를 잡았다. 새벽같이 일어나 한 시간을 달려와 합류한 나로서는 기가 막히는 뻔뻔함이었다. 그것도 세상을 편하게 사는 사람들의 한 방식이려니 생각해도 어처구니가 없었다. 분장처럼 짙은 여자의 화장이 예쁘게 보이기는커녕 오히려 역겨워 보이는 순간이었다. 우리는, 그네를 제외한 열여섯 명은 저 여자가 곱게 화장하는 시간 동안 추운 차안에서 떨며 기다려 주었던 셈이다. 예감이 좋지 않았지만 그 정도도 이해하지 못하면 같이 여행할 자격이 없다고 자신을 눙쳤다. 2박 3일의 여행기간 동안 스트레스 받지 않으려면 그래야 했다. 문화가 같고, 뜻이 맞는 사람들과의 여행이 아니라면 각오해야 할 사항이기도 하다.

유년시절 동요로나 불렀던 금강산. 그 금강산을 향해 내가 탄 관광버스는 속력을 내기 시작했다. 출입국사무소가 있는 강원도 고성까지는 멀고도 먼 길이었다. 멀다고 느끼는 건, 물리적 거리나 공간이 주는 지루함보다는 공유할 수 없는 마음이나 그 공간 안에서 같이 할 수 있는 공통 관심사가 없기 때문일 것이다. 버스가 고속도로로 들어서자 회장이 인사말을 했고, 기다렸다는 듯이 곧바로 복분자주가 돌기 시작했다. 금강산도 식후경이라는 말은 지극히도 명언이다. 아무리 아름다운 것을 본다 해도 배고플 때는 눈도 즐겁지 않을 것이기 때문이다.

햇귀가 돋기 시작하자 산뜻했던 새벽공기는 사라지고 버스 안도 차츰 후덥지근해졌다. 술기운이 적당히 오른 몇몇 여자들이 통로로 나와 춤을 추기 시작했다. 누구를, 무엇을 살피거나 잴 필요도 없이 본능이 이끄는 대로 자신을 부릴 수 있는 그들의 열정이 부러웠다. 다만 그 본능이 찬란하게 빛나는 오전의 봄 햇살을 무색하게 한다는 데에 내 부끄러움의 일부가 스며있었다.

이제 겨우 두 시간을 달려왔을 뿐인데 나는 벌써 지루하고 짜증이 좀 나려 했다. 그들을 이해하지만 같이 어울리지 못하는 내 귀가 괴로웠다. 눈은 감으면 되지만 귀는 어찌할 수가 없었다. 다행히

휴게소에 들러 머리를 식히고 카페라떼를 두 잔이나 마시고 나니 정신이 맑아지는 느낌이었다. 다시 차안으로 들어와 앉으며 사람의 관계라는 게 너무 하찮고 의미 없다는 생각이 들었다. 같은 차안에서 비비고 놀 줄만 알았지 두어 달 만에 만나는 사람들이 잘 지냈느냐는 인사 한 마디도 건네지 않는다는 것이. 그게 우리의 참 모습일지도 모른다. 어쩌면 모임이라는 형식 안에서 끊어낼 필요도, 절실성도 없으면서 만나는 사람들에게 형식적인 인사말 따위는 오히려 마음에 없는 것을 꾸며야 하는 허위인지도 모르겠다. 만나서 같이 여행을 하고 잘 놀고 헤어지면 되지 그 이상의 무엇을 바라겠는가. 누가 가장 재미있게 놀고 누가 두드러진 행동을 했는지 그것만 기억 속에 남을 뿐, 이 여행이 우리에게 무엇을 남겼으며, 이 여행을 통해 우리들의 모습에 어떤 변화가 생겼는지 따위는 중요하지 않을 거라는 생각이 들었다.

다시 버스를 타고 고성에 도착할 때까지 그네들은 한참도 쉬지 않고 춤추다 지치면 노래를 불렀다. 그 사이에 내게도 노래할 기회가 반강제로 주어졌으며, 그들의 손에 이끌려 통로로 나가 몇 분이라도 서 있어야 하는 고역스런 일도 해냈다. 그것은 같은 차안에 있는 사람으로서의 최소한의 의무였고 역할이었다. 그렇게 부대끼다 보니 처음에 다잡았던 나의 마음은 완전히 사라졌다. 인간의 마음은 조석으로 변하는 게 아니라 시나브로 변한다는 것을 절감하고 있는 순간이었다. 지금 이 순간 누가 그리고 무엇이 정상이고 비정상인가는 중요하지 않았다. 관광차 안에서, 각자 자신의 감정대로 흔들려도 좋을 시간이기 때문이다. 다만 내 마음이 폭풍처럼 심하게 흔들리는 것이 문제일 뿐이다.

휴게소에서 잠시 열기를 식힌 뒤 버스가 달리기 시작하면 그들의 관광 메들리도 다시 시작되었다. 이 죽일 놈의 열정아, 제발 좀 사위어다오. 그들 따라 나도 가슴속으로 외치다가 섬광처럼 스쳐가는 생각이 있었다. 나도 그들 따라 같이 놀면 될 텐데 내게는 왜 저런 열정이 없는 것일까. 저토록 오랜 시간 동안 아이들처럼 뛰며 놀 수 있는 건 그들이 아직 그럴 수 있는 건강한 열정을 가지고 있기 때문일 텐데. 그러자 아직 소진해도 좋을 그 젊음을 누리고 있는 그들에게 내가 오만해서는 안 된다는 생각이 들었다. 오히려 자신을 방임 상태로 내던져 놓아본 적이 없는 내가 문제일 것이다. 나를 추스르려 하지 말고 방임할 것, 이 순간을 극복할 수 있는 묘책이었다. 그렇다면 그들을 의식하지 말고 나를 편안하게 내던져 버리자. 귀와 눈을 닫으려 하지 말고 들리는 대로 보이는 대로 받아들이자. 싫다고 미리 거부하지 말고 몸을 열어두고 의식도 던져두자. 그렇게 시간이 흐르자 거짓말처럼, 마치 주술에 걸린 것처럼 편안해졌다. 희끗희끗한 산봉우리를 세며 가는 사이 남대천을 지났고, 해가 설핏해질 무렵 숙소가 있는 고성에 도착했다.

나는 지금 무엇을 위해 달려가고 있는지 잠시 망각의 시간을 건너고 있었다. 혹여 나는 신이 내린 지상의 절묘한 아름다움을 훔쳐보러 가는 길목에서 미리 지쳐버려 그 아름다움을 가슴에 담지 못하게 될까 조바심 친 건 아닐까. 금강산을 보러 가는 길에 사람살이조차 눈 감으려 한 내가 그 산의 모습을 제대로 볼 수 있을까. 일체유심조, 마음이 모든 상을 만든다 했으니 금강산 또한 내 마음으로 보여질 텐데…. 그 산은, 내가 자신을 봄으로써 숨겨놓은 비의스러움을 더 절실하게 해독할 지혜를 미리 던져준 게 아닐까. 사람을 받아들이는 일 그것부터 시작해야 한다는 암호의 해독을 풀고 난 기분이다. 천의 모습을 지녔다는 만물상의 모습이 오롯하게 내 안으로 품어질 것 같은 느낌이 든다.

눈물

'동해물과 백두산이 마르고 닳도록…' 이 대목에서 또 눈물이 흐른다. 아무런 생각 없이 남들처럼 애국가를 부르는 것일 뿐인데. 입술을 움직이면 눈물이 멈추지 않을 것 같아 나는 애국가 부르기를 포기한다. 독립운동 시절도 아닌데 애국가를 부르며 우는 여자의 꼴불견이란. 뜬금없이 잘도 흘러나와 나를 당혹스럽게 하는 눈물도 무슨 연유가 있을 텐데 도대체 알 수가 없다. 경황없는 그 와중에도 나는 뒷자리에 있을 딸을 생각한다. 엄마는 또 울었다는 놀림을 받고 싶지 않아서다. 그러면서 인간의 의식 세계에서 무의식이 차지하는 비중이 얼마나 큰지 새삼 깨닫는다. 의식이 감지해내지 못하는 부분을 무의식은 명징하게 표출해내기 때문이다.

어린 시절부터 잘 울었다. 누군가 조금만 마음 다치게 하면 섭섭하다는 생각이 들기 전에 눈물부터 나왔다. 내 생각을 상대에게 전하려는 순간에도 눈물이 앞서 말을 하지 못했다. 그것은 내가 늘 약자였음을 의미한다. 당당하게 자신을 표출하지 못하는 사람은, 늘 반복되는 상처가 쌓여 울분이나 원망의 상태로 쌓이기 마련이다. 그래서 거부되는 자신의 의사로 인해 또 상처받을까 두려워 섭섭해지니 눈물부터 나오는 것이다. 유년의 내 눈물은 대부분 어린 아이로서의 눈물이 아닌, 핍진한 주변 사람들의 거친 행위로 말미암은 것이었다.

그 눈물이 내 스스로 인생을 앞가림하기 시작하면서부터는 점차 사라지기 시작했다. 눈물은 세상 사람들에게 나를 표현하는 방식이 될 수 없었기 때문이다. 타인에게 보이던 눈물을 마음 안으로 끌어들여 자신을 다져가다 보니 겉으로 표출되는 눈물은 줄어들었다. 그것은 약한 자의 상처받지 않으려는 자기 보호막이었다. 어쨌든 마음 자락의 단련이란 그토록 무서웠다. 메말라가는 눈물은 감성까지 건조시켰다. 그래서 가끔은 자신의 냉철한 이성 앞에서 망연해질 때가 있다. 따뜻한 사람이고 싶은 소망과는 자꾸 멀어지는 것 같아서였다.

가끔 아이들과 함께 영화를 본다. 같은 화면을 보면서도 그 애들은 가슴 아파 눈을 가리는 장면을 나는 별 갈등 없이 바라볼 때가 있다. 그리고 돌아서면 무감해진 자신이 슬퍼진다. 타인이 느끼는 아픔을 아픔으로, 슬픔을 슬픔으로 여과 없이 받아들이지 못하는 자신이 너무 강팍해진 것 같아 아이들 앞에서 부끄럽기 때문이다.

그럼에도 내 눈물이 봇물 터지듯 울컥울컥 솟구칠 때가 있다. 졸업식장에서다. 졸업식장에만 가면, 그 곳이 누구의 졸업식이든 나는 늘 눈물을 흘린다. 애국가를 부르다 울고 졸업가를 들으며 운다. 세 아이들의 졸업식장에서도 매번 울었다. 그래서 나는 졸업식장에만 가면 눈물 때문에 주책없는 사람이 된다. 졸업은 길의 끝이 아니라 새로운 길을 가기 위한 시작이라 했는데 나는 무엇이 그리 서럽고 두렵고, 혹은 감동스러운 것일까.

초등학교에서 고등학교까지 졸업식장에서 나는 어린아이처럼 목놓아 울었다. 어쩌면 인생의 한 과정을 넘길 때마다 성숙해가는 기쁨이나 미래에의 기대보다는 앞날을 살아가야 하는 두려움이 더 컸기 때문일 것이다. 다른 아이들처럼 가정환경이 좋아 마음 놓고 공부할 수 있는 여건도 아니었기에 전망 없는 젊은 시절의 시간들이 너무 막막했다. 어떻게 살아야 할까의 그 두려운 고민이 새로운 길을 선택해서 떠나야 하는 자리에서 눈물로 표출되었다. 뿐만 아니라 내게 졸업은, 늘 의지처로 삼았던 선생님들과 헤어져 마음 둘 곳을 잃어버리는 일이기에, 그 마음 한 자락을 떼어놓는 상실감으로 가득했다. 아마 나는 혼자 마음 놓고 목청껏 우는 일에 익숙하지 못하던 그 시절에 졸업식장이라는 공개된 자리에서 이런저런 이유로 자신을 방기하는 눈물을 흘렸던 것 같다. 그러나 이렇게 내 눈물의 의미를, 내 눈물의 원천을 늘어놓고 있지만 나 자신도 확언할 수 없다.

유년 시절부터 꿈꾸어오던 소망을 이룬 지금, 더 이상 부러울 것도 두려울 것도 없는 대학원 졸업식장에서 나는 또 눈물을 흘렸다. 그러니 오늘은 그동안 흘린 눈물과는 다른 그 무엇이어야 했다. 예전처럼 두려워할 까닭이 없기 때문이다. 오히려 열심히 살아온 결과로 받는 박사학위를 들고 기쁨의 눈물을 흘려야 했다. 그런데 전혀 그렇지 않았다. 회한, 무엇을 위해 여기까지 달려왔던가를 뇌이게 하는 삶의 페이소스. 오히려 오늘의 눈물은 내 굴곡진 삶을 통틀어 옛 기억들을 파노라마로 재생시키며 의미를 곱씹게 했다. 무엇을 위해 나는 그토록 편안한 감정을 누릴 여유 없이 내 길만을 쉼 없이 달려왔을까. 길의 끝에 행복이 있는 게 아니라 길을 걷는 과정에 행복이 있다는 걸 몰랐기 때문일까. 그래서 오늘의 눈물은 회한에서 통찰로 이어지는, 내 인생의 다른 통로를 열어주었다.

이후로 내게 졸업식은 더 이상 없을 거라는 생각을 하니 무엇인가를 잃어버린 것 같은 쓸쓸함이 밀려든다. 비록 졸업식장에만 서면 운다는 핀잔을 듣는 한이 있어도 내게 졸업식이 가끔 있었으면 좋겠다. 가슴에서 올라오는 따뜻한 눈물 흘리며 그만큼 평화로워지고 깊어지는 삶을 생각할 수 있다면 왜 사양하겠는가. 어떻게 말해도 눈물을 흘리는 그 순간 인간은 진실해진다는 걸 아는 까닭이다. 그런 눈물이 왜 아니 아름답겠는가. 그래서 진실로 울 수 있는 사람 또한 아름답지 않겠는가.

9월, 가을밤의 꿈

우리는 모두 무엇인가에 목적을 두고 살아간다. 그 꿈꾸는 것의 내용이 원대하거나 시답잖음과는 상관없이, 혹은 성취의 유무와도 상관없이 우리는 그 목적을 향하여 길을 가게 된다. 뿐만 아니라 결과를 희망적으로 만들기 위해서는 그만한 정성을 들이거나 노력이 필요하다. 그 열매가 익어가는 것을 기다리는 시간은 바삐 가거나 더디 가고 우리에게 기쁨을 주거나 슬픔을 주기도 한다. 기다리는 시간이 희망으로 존재할 때는 기쁨이 되고, 희망에서 점점 멀어져 가면 곧장 슬픔에 빠진다. 그래서 우리들의 삶은 고통과 즐거움의 연속선상에서 늘 비쁘게 허둥대거나 아예 게을러 느림보처럼 살다가 진정한 의미의 여유를 가질 틈이 없게 된다. 어떤 것도 자신을 제대로 볼 기회를 갖지 못하게 되는 것이다.

나는 이즈음의 주말에는 산중의 절로 가서 하루를 보내고 밤늦게 집으로 돌아온다. 스님의 설법을 듣고, 혹은 마음공부를 하고, 기도를 하거나 차담을 나누기도 한다. 해질녘이면 절 도량을 산책하며 자신을 생각한다. 그 길에 다람쥐가 끼어들면 말을 걸고, 눈 맞춤에 익숙해진 꽃과 나무들에게 다가가 인사를 하기도 한다. 그 시간 동안 세상 물살에 맞춰 흔들리다 지친 마음을 쉬고 흐트러진 것들을 정갈하게 가다듬으며 자연 안으로 자신을 방기해 보기도 한다. 그렇게 가라앉힌 마음은 1주일 동안 살아갈 에너지의 원천이 된다. 산문 밖으로 돌아오면 곳곳이 마음 부딪치는 장소이니 왜 아니 그럴까. 사회 속에서 사람들은 누구나 자신을 위한 삶을 살 듯, 누구도 타인을 배려하지 않는다. 신사도를 실천하고, 세련된 사회생활을 하는 듯 하다가도 조금만 이해관계가 얽히면 그 속을 알지 못하게 둔갑하는 게 일반적인 사람들의 속성이다.

나 역시 나를 위해 주장하고 내 가진 것을 늘리려 타인에게 손해를 끼치기도 할 것이다. 그래서 가끔은 마음약해 내 것을 주장하지 못하거나 타인에게 내 것을 양보하면서 어줍잖은 동정이나 흉내 내기의 연장일지도 모른다는 생각을 한다. 철저한 자기 응시의 시간이다. 가능한 한 냉정하고 솔직하게 자신을 보려 한다. 나를 제대로 아는 일이 가장 먼저 선행先行되어야 타인을 이해하고 선행善行도 가능할 것이다. 그러한 내 마음 수양이 더디 이루어진다 해도 그것이 세월 따라 쌓이면 나는 내 자신은 물론 타인을 향한 여유도 나눌 수 있게 될 것이라 믿는다. 내가 나를 진솔하게 바라볼 수 있을 때 우리는 서로서로에게 어떤 메타포를 형성해 줄 수 있지 않을까.

저녁을 먹고 우리는 의기투합해 어두워진 산으로 발길을 내딛는다. 누군가 늘 하던 행동은 익숙해져 재미없으니 다른 것을 찾아보자는 제의를 받아들여 결정된 행선行禪이다. 전깃불에 익숙해진 우리는 밤에도 어둠을 보지 못한다는 것에 생각이 미친 것이다. 밤길 걷기, 아무생각 없이 발에 몸을 맡기고 터덜터덜 걸어보기로 하였다. 빛과 어둠은 우리에게 상반된 조건과 형질로 존재하지만 그것은 한 뿌리에서 나온 한 몸이라는 걸 우리는 안다. 마치 생사 일여처럼.

불빛이 보이는 몇 채의 집이 모여 있는 마을을 지나 산모롱이에 다다르자 어둠이 드러나기 시작한다. 점점 변해가는 잿빛 어둠 속에서 마음 또한 고요하게 무엇엔가 스며드는 느낌이다. 발걸음을 떼다 스친 작은 돌멩이들이 이리저리 튀는 소리가 유난히 크게 들린다. 간간이 들리던 개 짖는 소리도 점점 아스라해지고 풀벌레 우는 소리가 그 자리를 대신한다. 가을이 오는 소리, 9월의 소리였다. 그 소리를 듣는 귀가, 마음이 청량해지는 시간이었다. 발걸음 따라 계곡물 소리가 가까워졌다 멀어졌다를 반복하는 사이 우리는 산 속으로 꽤 깊이 들어갔다. 멧돼지가 사는 산이니 조심하라는 스님의 주의를 듣고 플래시를 준비했지만 우리는 그것을 사용하지 않았다. 걷는데 조금 불편해도 완벽한 어둠을 택하기로 했기 때문이다. 묵묵히 자신의 생각에 빠지거나 들려오는 자연의 소리에 귀 기울이거나 어둠을 응시하며 조용히 걸었다.

얼마나 걸었을까. 사위가 온통 어둠으로 물들었을 때 남편의 뒤를 따라 걷던 내 눈에 작은 불씨 한 개가 그의 종아리에 붙어있는 것이 보였다. 그리고 잇따라 나타난 몇 개의 불씨들…. 그것은 어두운 밤의 정령처럼 반짝이며 날아다녔다. 반딧불이었다. 얼마 만에 보는 반딧불인가. 반가웠다. 아직 그것들이 우리들 곁에 존재해 있다는 것이 반가웠고, 마치 우리가 예전의 어린 시절, 호롱불빛의 기억 속으로 들어온 것 같은 착각을 하게 해서였다.

어둠이 칠흑의 모습으로 우리 눈앞에 다가왔을 때 차츰 우리들의 발자국 소리도 크게 들려왔다. 산으로 들어갈수록, 마을의 빛과 멀어지고 소리와 멀어져 어둠 속에서 우리들이 움직이는 소리만이 오롯하게 들려왔다. 한걸음 뗄 때마다 내 몸의 감각들이 또렷이 자각되었다. 팔의 흔들림, 다리의 감각, 발바닥에 닿는 자갈의 부딪침. 보이지 않지만 앞을 주시하고 있는 눈의 작용. 그런데 나는 자칫 방심하면 돌부리에 채여 넘어질지도 모르는 그 와중에도 간간이 무엇인가를 생각하고 있었다. 그 어둠 속에서조차 내가 생각하고 있는 것은 무엇인가. 오늘, 혹은 며칠 사이에 일어난 일상의 사건들을 반추하며 되새기고 있었다. 어둠 속에서 그 어둠에 집중해서 생각을 끊어 오롯하게 내 몸을 자각하고자 나선 밤길인데도, 어둠에 묻혀 아무것도 보이지 않는 찰나 간에도 나는 여전히 무엇인가를 그렇게 기억하고 떠올리고 있질 않은가. 생각, 기억들. 정녕 그 생각들에서 내 마음을 쉬게 할 방법은 없는 것일까. 나는 다시 내 발걸음에, 발가락에 닿는 길의 감촉에 집중한다. 잡념들을 비우고 몸에 신경을 모아본다. 갑자기 볼을 스쳐가는 밤공기가 차갑게 느껴진다. 생각으로 꽉 차 있을 땐 느끼지 못했던 밤기운의 차이, 어둠이 내 몸에 부딪쳤다 물러가는 느낌이 감지된다. 머리에서 발끝까지 온 몸의 감각이 활발하게 작용한다. 몸은 애초부터 그렇게 열어두고 있었는데 둔한 내가, 무엇인가에 나를 잃은 내가 느끼지 못했을 뿐이다.

우리는 잠시 멈춰 서서 심호흡을 하고 정적 속에 자신을 내버려 둔다. 어둠과 고요가 우리를 덮치도록 방관해 본다. 밝은 태양 아래서 끊임없이 움직이고 사용하던 몸과 마음을 잠시 던져둔다. 아, 어둠 속에서 나는 비로소 내 몸의 소리들을 듣는다. 생각이 쉬는 틈새에 감각들이 일어서고 그에 힘입은 몸이 화답해 문을 연다. 지금까지 혹사시켜 둔감해진 몸의 촉수들이 스르르 마법에서 풀려나 살갗에 와 닿는 어둠의 감촉들이 복원된다. 생각을 쉬게 하자 몸의 감각들이 제 자리로 서서히 돌아온 것이다. 밝은 불빛 아래서는,

소음 많은 도시에선 엄두도 낼 수 없었던 자신의 일부들이다. 내게 이런 몸이 있었다. 몸들은 깨어나면서 자신의 소리를 하고 말을 건다. 밝은 세상에서는 미처 찾을 수 없었던 것들이다.

어둠 속에서 나는 잠시나마 나를 되찾는다. 그 순간이 찰나여서 소란하고 불빛 밝은 세상으로 돌아오면 남김없이 스러질지라도 나는 그런 나를 기억할 것이다. 나를 보는 일, 나를 느끼는 일, 내가 어떤 존재인지의 물음을 생각할 수 있는 것은 우리는, 타인은 어떤 존재인지를 묻게 하는 길이기도 하다. 그래서 나의 존재를 알게 되면 오히려 내 존재성의 고집을 반성하고 타자의 존재를 비춰볼 수 있는 메타포의 탄생이 가능해질 것이다. 그래서 내 최상의 꿈은 목적성을 줄여가는 삶이며, 그때에야 비로소 나를 조금이라도 버릴 수 있고, 타자를 향해 비울 수 있게 될 것이다. 그 순간을 꿈꾸며 나는 지금 이 시간을 가장 소중하게 살아간다.

변명해도 될까?

1. 어느 원로의 편지

어제 장 선생님 편지를 받았다. 가끔씩 당신의 사설이 실린 신문과 함께 안부를 묻는 편지를 보내곤 하셨지만 답장이나 감사하다는 인사를 하지 못했다. 딱히 하고 싶은 이야기가 없어서이기도 했지만 이래저래 다른 일을 하다보면 잊어버리기 일쑤였다. 편지를 받을 때마다 문학이나 삶에 대한 정열이 대단히 강한 분이라는 생각을 했다. 그러한 열정을 본받으면 좋으련만 어디 그것이 본받고 싶다고 그래지는 것이던가.

몇 년 전에 모 문예지 편집위원을 하면서 좌담회 기록을 위해 참석했다가 처음 뵌 분이다. 질문과 답변식의 이야기가 끝나자 칠월의 무더위를 견디지 못한, 아니 연못가의 정자에 앉아 그 흥취를 숨기지 못하고 막걸리를 들이마시기 시작한 것이 인연이 되었다. 술은 내가 덮어쓰고 있는 일상의 굴레나 반듯함을 가장한 내 안의 모든 것들을 자유롭게 풀어주었다. 그러나 그렇게 예쁜(?) 모습으로 선생님을 뵌 것은 그 한 번 뿐이었고, 나는 일상으로 돌아와 반듯한 이성으로 써야 하는 논문을 쓰고 그런 시간을 몇 년 보냈다.

이브의 사과처럼, 막걸리의 꾀임에 빠졌던 것이 유죄였던가. 단 한 번의 만남이 선생님께는 오래도록 기억될 어떤 추억이 되셨을까. 격려와 채찍과 안부를 담아 지금껏 편지를 보내셨지만 나는 바쁜 일상을 핑계로 답장을 쓰지 못하는 자신을 합리화시켜 버렸다. 사람의 마음이, 그 마음을 담은 정성이 얼마나 소중한지 그것도 모른 채.

2. 더 이상 받을 수 없는 연하장

해마다 신 선생님은 내게 연하장을 보내주셨다. 가끔 좋은 일이 생기면 전화를 해서 안부를 물으며 축하해 달라고 그 호방한 웃음소리를 들려주기도 했다. 두 번째 수필집을 보냈더니 형님이 꼭 보고 싶다고 가져가셨으니 다시 보내달라고 하였다. 그 후 문학상 시상식 때 찍은 사진까지 세심하게 챙겨 보내면서 작품집 독촉을 한 번 더 하셨다. 이 죄를 어찌 씻을까. 게으른 나는 차일피일 미루다 일 년이 지났다. 내 작품을 읽어주겠다는 독자의 호의마저 저버린 작가는 지탄받아 마땅하다. 그런데 지난 연말엔 신 선생님으로부터 연하장이 오지 않았다. 반복에서 오는 길들여진 생각 때문인지 참 뻔뻔하게도 빠뜨려진 연하장에 대한 아쉬움이 조금 스쳐갔다. 나도 양심이 있지. 답장 한 번 하지 않았으면서 이 무슨 교만이람. 선생님도 이제 메아리 없는 호의에 지쳤을거야 라며 또 지나쳤다. 스스로 안부 물을 생각도 하지 못하고. 단 한 번만이라도 피치 못할 무슨 일이 생긴 건 아닐까하는 의혹을 가져보는 배려라도 있었더라면, 이러한 가책이 좀 희석되었을까, 방자한 인간의 이 무심함이여! 어쨌든 그 분이 내게 보낸 거의 십 년 동안의 연하장이라는 종이 위에 사람의 마음이, 상대에 대한 배려와 사랑이 들어있다는 걸 깨닫는데 너무 오랜 시간이 흘러갔다.

'수필과 비평' 세미나에 참여했다가 신 선생님 이외에 다른 두 회원이 유명을 달리 하셨다는 이야기를 들었다. 어느 원로 회원은 '누구나 죽음의 길로 가는 것, 누가 먼저인가만 다를 뿐이다'라고 초연히 말했지만 내 귀를 의심하며 누가? 왜? 옆 회원에게 자꾸 물었다. 그래서 연하장이 오지 않았구나. 죄책과 함께 몰려드는 회한. 바쁜 와중에도 성의를 다해 행사에 참여해 주시던 생전의 모습이 떠올라 가슴이 먹먹해졌다.

우리는 흔히 사랑하는 상대를 떠나보낼 땐 왜 좀 더 사랑하지 않았을까 라며 가슴을 쥐어뜯는다. 상대를 잃고 소중한 것들을 잃었을 때에야 그 소중한 가치를 깨닫지만 그 깨닫는 순간 이미 늦어버리고 만다. 그래서 인간에게 사랑은 영원히 지속될 수 있지만 그 대상은 영원하지 않다고 했던가.

소중한 사람들에게 나는 무심했고 오만했다. 그 대가로 나는 가슴을 쓸어내리며 회한에 빠지지만 그들의 가슴에 따뜻한 어떤 것도 보내주지 못한 자책은 이제 돌이킬 수 없게 되었다. 인간에게 진실로 소중한 게 무엇일까. 사랑을 사랑으로 보답하는 일, 미움을 사랑으로 되돌려 주는 일도 그 중의 하나일 터인데.

3. 없는 건 바라지 마 - 변명해도 될까?

"내가 보낸 책 받았어? 어쩜 그리도 무심해."

"응, 내가 좀 그래."

"남편이 그랬어. 그 사람에게 없는 걸 왜 바라느냐고."

문인으로 만난 P와의 전화 통화 내용이다. 그의 남편이 나를 잘 표현했다는 생각이 들었다. 내 자신도 무심한 성격이라는 것을 잘 안다. 그래서 쉽게 수긍했다. 얼마 전 책을 보냈는데 그의 개인집이었으면 바로 수고했다는 전화라도 했겠지만 학생들을 대상으로 백

일장을 열고 낸 기관지이기에 좀 소홀히 생각하다가 전화할 기회를 놓쳤다.

나는 좀 게으르고 굼뜬데다가 사람들과 어울려 사는 일에 능숙하지 못하다. 굳이 말한다면 내 일상의 촘촘함이 나를 여유 있게 하지 못하는 데다 번거로움을 싫어하는 성격은 최소한의 사람만을 만나게 했다. 그래서 인간관계가 넓지 못하고 많은 일을 하지도 못한다. 그래서 교류하는 소수의 사람들에게서도 야속하다는 푸념 섞인 말을 듣기도 한다.

혹자는 내게 냉정한 사람이라 할지도 모른다. 자신의 일 안에 갇혀 타자들과의 소통을 능숙하게 하지 못하니 그럴 수도 있다. 내 자신의 일을 하고, 내 주변과의 관계로도 충분히 벅찬 시간을 사는 나로서는 능력 탓 할 수밖에 없다. 나는 허점이 많고 못하는 일도 많다. 그래서 남 보기에 느리고, 둔하고, 무심하게 보일 것이다. 어쩌면 따뜻함, 배려 이런 감정들이 없는 게 아니라 표출할 기회를 놓치고 있을 뿐이다. 그렇게 변명해도 나의 유죄는 여전하다는 걸 안다.

4. 산다는 건 뭘까?

세상엔 헤아릴 수 없을 만큼의 다양한 사람들이 살아간다. 나 한 사람의 존재는 이 너른 물리적 공간 안에서 한 점의 위치도 차지하지 못한다. 그 작은 점도 되지 못하는 나는 왜 오만했을까? 받는 기쁨보다 주는 기쁨이 얼마나 더 큰지 잘 알고 있으면서도. 정말 내겐 근본적으로 따뜻함이 없는 것일까? 삶이 무엇인지 모르는 채로 나는 이렇게 흘러가고 있는 건 아닌지, 문득 두려워진다. 내가 지금 나를 변명하는 이 순간에도 내 삶의 가치를 허망하게 마모시키고 있는 건 아닌지. 산다는 건 무얼 이루고, 무얼 쌓아가는 것만이 아니라 나를 누군가에게 내어주기도 하고, 누군가의 마음을 내게 끌어오기도 하면서 타인들과 교감하는 것일 텐데. 나는 그 누구에게 나를 진실로 내준 적이 있었던가.

삶과 죽음은 같은 선상에 있다지만, 죽음은 때로 인간을 뒤돌아보게 하고 선량하게 만든다. 신 선생님의 연하장은 십 년 동안 내게 종이로 나부끼다가 오늘에 이르러 내 가슴을 펄럭이게 하는 바람이 되어 주었다. 살아가면서 고요함만이 능사는 아닐 터, 바람이 불면 때로 나부낄 줄도 알고 따뜻한 불씨 하나 가슴에 품을 줄도 알아야 모름지기 사람이라 할 수 있을 터. 내게 그러한 바람이 되어주신 분들의 영혼에 따스하고 감미로운 봄바람으로 화답할 수 있으면 좋으련만.

지팡이

아침 식탁에서 친정의 일로 남편과 티격태격 했다. 아이들이 모두 공부하기 위해 집을 떠난 후에는 우리가 스스로 아이들처럼 철없이 굴기도 한다. 때로는 어이없는 말이나 주책없는 소리로 배꼽을 잡고 웃기도 하고, 식탁에 앉아 경전 한 구절의 해석을 위해 밥 먹는 일은 뒷전으로 밀치는 경우도 있다. 한편으론 자유롭고 한편으론 멋대로인 경우도 있지만 두 사람이 즐겁고 편안하니 무에 문제일까. 언제나 그렇게만 살면 좋으련만 우리 부부도 희로애락을 겪어야 하니 주변의 이런저런 일로 얼굴을 붉히는 일이 왜 없겠는가.

친정 형제들과 얽힌 문제에서 남편은 자신의 본심을 말하고 싶어 하지 않았다. 그러나 나는 그가 비껴가려 한 말을 에두르지 않고 직설적으로 말해버렸다. 사람은 대부분 자신의 자존감을 지키기 위해 상대 탓을 하거나 자신의 잘못을 시인하지 않으려 한다. 그것을 인정하고 받아들일 때 자신의 가치가 더 커지고, 홀가분해질 수 있는데도 체면 때문에 쉽게 행하지 못한다. 남편도 그러한 이유로 가족들의 문제를 좀체 받아들이지 못했을 것이다. 그러나 나는 그런 그에게 차라리 인정하고 받아들이길 원했다. 그러니 오늘 한 말은 남편의 심장을 콕콕 쑤시고도 남았을 것이다. 그는 분명히 마음에 담고 있으면서도 말하지 않았다. 그의 마음이 다치지 않기 위해서였다. 그러면 그의 몫으로 묵인해 주어야 하는데, 나는 결국 심술을 부리고 말았다. 그것이 체면치레든 차마 할 수 없어 못하는 말이든, 입에 담고 싶어 하지 않으면 한 걸음 물러서 주어야 하는데 그의 마음 헤집는 말을 뱉고 말았다.

마침 식사를 끝낸 그가 말없이 거실로 나갔다. 내 말이 아무리 옳다 해도 그의 자존심을 건드렸으니 그는 화를 낼 것이다. 그렇다 해도 나는 그 상황을 능히 감당해야 했다. 말하지 않는 사람의 입장을 배려해주지 못한 죗값을 받아야 했다. 나는 상황을 전환시키고 싶었다. 두 사람이 사는 집에서 서로 기분이 언짢아 있으면 영 불편할 것이다. 그래서 작전을 바꾸기로 했다. 서둘러 식탁을 치우고 커피 잔을 꺼내 뜨거운 물로 잔을 데웠다. 그에게 사과의 의미로 커피를 들이밀며 웃어야지 하는 순간에 거실로 나갔던 남편이 나를 향해 말했다. “당신 말이 맞네.” 그리고 나오는 한숨. 그렇지만 나는 그가 참 많이 고마웠다. 화를 내지 않아서이기도 하지만 자신의 마음을 스스로 인정해 주어서였다. 아내가 자존심을 건드렸지만 그보다 자신의 마음을 들여다보고 순순히 말해준 것이다. 부부로 산지 30년이 되어간다. 그 많은 시간 동안 그가 이토록 괜찮아 보인 적은 흔치 않았다. 내게 어떤 선물을 주었을 때보다, 어떤 큰일을 해주었을 때보다 그가 훌륭해 보였다. 그래서 그에게 무한히 감사했다. 나 때문이 아니라 사람이 자신의 마음을 알고 솔직해질 수 있는 것처럼 훌륭한 일이 또 있을까 싶어서였다.

사람들은 옳고 그름을 떠나 자신의 자존감이 침해당하면 화를 낸다. 내 말이 그의 본심을 적나라하게 보여줬다 해도, 진실이라 해도, 그가 그 말을 받아들여주지 않으면 화를 낼 수도 있는데 흔쾌히 인정해주는 그의 마음이 나보다 훨씬 넓어보였다. 그가 순순히 자신의 마음을 긍정하는 대답을 함으로써 팽팽한 긴장감이 풀리고 평온한 제 자리로 돌아왔다.

그러나 그것도 잠시, 그 실체를 알 수 없는 마음은 그새 변해버렸다. 위기의 순간을 넘겼어도 별로 기분이 좋아지지 않았다. 현실에서 근본적인 문제는 여전히 가지고 있었기 때문이었다. 아침을 먹으며 산에 가자던 한 시간 전의 약속을 깨지 않기 위해 간신히 마음을 추슬러 집을 나섰다.

세인봉으로 향하는 길목에서 그가 스틱을 꺼내 길이를 조절해 주었다. 지금 당장 필요치 않아도 나중을 위해, 그리고 그의 의중을 생각해서라도 들고 가려 했다. 그의 그런 행동은 어제 오늘의 일이 아니며, 산에 갈 때만의 일도 아니었다. 그는 늘 내가 어디서 무엇을 하든 불편하지 않게 준비를 해주곤 했다. 그런 일들을 나는 때론 귀찮다고 투정하고 세심한 배려가 오히려 나를 나약한 존재로 변화시킨다고 투덜댔다. 가끔은 그에게 막무가내의 투정을 부렸으며, 어느 땐 일정 수위를 넘었다는 생각에 자신의 감정을 조절하기도 했다.

산등성이에 이르자 앞서가던 그가 잠시 걸음을 멈추고 내 스틱을 가져다 다시 조절해 주었다. 새인봉을 지나 약사암 쪽으로 내려올 때 그는 다시 스틱의 길이를 길게 맞춰 주었다. 오르막 길과 내려가는 길에 필요한 스틱의 길이가 각기 다르기 때문이었다. 나는 그가 건네주는 스틱을 받으며 생각 하나를 가슴에 새겼다. '저 사람이 내게 지팡이가 되고 있구나. 저렇게 나를 위해 자신의 마음을 다해주는 사람이 옆에 있는데 나는 무엇이 부족해서 투정이었을까.'

그는 내 생애에서 늘 지팡이가 되어왔지만 일찍이 그걸 말해본 적은 없었다. 그러나 오늘은 에누리 없이 정확한 말을 하며 살아온 나일지라도, 옆에서 가장 든든한 반려자로 살아온 그에게 찬사를 담은 내 마음을 전해야겠다. 이제 나도 당신을 위한 지팡이가 되어 주겠다는 선언을.

5
일상의 흔적에서

우리를 비애스럽게 하는 것들

1주일째 우르릉쾅 하는 소리를 들으며 보냈는데 오늘은 지독한 페인트 냄새가 코를 괴롭힌다. 갑자기 깨부수거나 드르륵거리는 소리를 들을 때마다 놀란 가슴 감싸 쥐기 바쁜 날들이었다. 401호가 이사를 가더니 새 주인이 다음날부터 리모델링에 들어간 모양이다. 집안을 모조리 개조하는지 건물 하나 세우는 것처럼 요란법석이다. 그런데 오늘은 업자가 내 집에 와서 하는 말이 화장실 물을 하루쯤 사용하지 말란다. 적반하장도 유분수지.

1주일동안 참았던 화가 한꺼번에 올라온다. 공동주택에서 그 정도의 공사(?)를 벌이려면 최소한 위아랫집에 찾아와 양해는 구해야 하지 않겠는가. 그랬다면 불편을 감수하면서도 기꺼이 참아주었을 것이다. 사람에 대한 최소한의 예의조차 지켜주지 않는 사람에게 나는 아무것도 해주고 싶지 않다. 그러나 어쩔 것인가. 공사를 못하게 할 수도 없어서 나는 울며 겨자먹기 식으로 참아줄 수밖에. 그런 사람들과 한 데 어우러져 살아야 한다는 사실에 나는 비애를 느낀다.

어느 밤, 길을 가는 여대생에게 이순의 남자가 농지꺼리를 하다가 실랑이가 벌어졌다. 세상이 어떻게 바뀌었는지 실감하지 못하는 남자는 아버지 같은 사람에게 대들었다고 욕을 하다 뺨까지 때리고, 경찰서로 데려가서는 자신의 아내가 달려오자 그 여학생이 자신을 희롱했다고 진술했다. 졸업시험을 치루고 동기들과 술을 좀 마신 여학생은 술 마신 것이 죄가 되어 꼼짝없이 매도당하고 말았다. 그녀는 그곳에 모인 경찰을 포함한 모든 사람들에게 늙은이를 희롱할 정도면 원조교제 경험까지 있지 않겠느냐는 기함할 모함을 받고서야 집으로 돌아왔다.

세상에 대해 남녀 차별 없이 당차고 자신 있게 살라고 딸에게 가르쳤던 나는 그 아이로부터 이야기를 듣고 망연자실했다. 마음 같아선 사건을 다시 수사하도록 하고 싶었지만 한 번 상처받은 딸은 어떻게 한들 자신의 상처가 회복될 것이며, 같은 상황을 재현하고 싶지 않다는 이유로 문제 제기를 거부했다. 세상에 믿을 인간이 없다는 의미였다. 무엇보다도 가슴 아픈 건 그 아이가 궁지에 몰렸을 때 부모가 같이 있어주지 못했다는 자책감과 힘 가진 자의 폭력 앞에서 시민을 보호해야 할 경찰이 오히려 부화뇌동 했음이 더 큰 절망을 주었다. 물리적 힘이 없는 약자는 비굴한 상황을 맞아도 인간적 모멸감을 어떻게 할 수 없다는 현실에 우리는 말을 잃었다. 민중의 지팡이라는 경찰 앞에서도, 딸 같은 여자 희롱한 죄와 폭력과 모함은 거론되지도 않고, 아버지 같은 남자에게 미친놈이라고 한 것만 죄가 되는 사회, 그 아이들이 살아가야 할 앞날이 암담해서 비애스럽다.

황우석 박사의 윤리문제로 세상이 떠들썩하다. 그러나 그것은 누구의 책임인지 깊고 넓게 생각해 볼 일이다. 누가 그를 그렇게 타락하도록 부추겼는가. 자본의 힘이, 정부가, 국민이, 그의 개인적 영웅심이 욕심으로 변하여 그 큰 불행을 만들었다. 어떻게 말해도 그의 윤리문제는 정당화 될 수 없지만 우리는 모두 같이 성찰해야 한다. 작게는 개개인의 사생활에서, 크게는 공권력을 발휘하는 사람들조차 사람으로서의 도리를 다하지 못하는 사회이기에 문제가 발생했을 땐 모두 공범이 될 수밖에 없다. 공적으로 황박사의 양심과 부도덕성이 국민을 희롱했다면, 딸 같은 여자애를 희롱하고 양심을 팔아 모함까지 했던 한 남자의 부도덕성의 죄과가 그보다 적다고 할 수도 없다.

그래도 내려놓을 수 없는 이유

'더도 덜도 말고 한가위만 같아라'는 말은 이제 옛 시절의, 다른 나라 이야기인 것만 같다. 분명 자주 쓰던 말인데도 낯설기만 하다. 가을걷이의 풍요로움, 작지만 아름다운 마음을 주고받는 정겨움, 성묫길에 만나는 반가운 얼굴들이 기다리고 있는 고향을 찾아가며 한껏 부풀은 가슴으로 내뱉던 말이 아니던가. 그런데 오히려 한가위에 대한 강박증이 생기는 것은 무슨 연유인가. 내가 변했음인가, 시절이 변했음인가.

친정아버지 제사를 모시는 나는 명절 삼일 전부터 바쁘다. 올해에도 금요일 강의까지 마치고 차례 준비를 하고 나니 새벽 한 시가 되었다. 그 아침에 다시 차례를 지내고 오후에는 아버지 성묘를 하고 큰집으로 갔다. 큰집에 가서 다시 음식준비를 하고, 같은 순서의 반복…. 그뿐인가. 다음날 차례를 지내고 찾아오는 손님 대접까지 하고 나면 오후 두세 시가 되어서야 비로소 한숨 돌릴 시간을 갖게 된다. 되풀이되는 명절의 혹사 앞에서 기진맥진해진 나는 내 집 현관문에 한가위 사절이라고 써 붙이고 싶어진다. 그러나 나는 생각뿐, 내년에도 그 이후에도 속없이 한가위를 맞아 똑같은 일을 반복하면서 끝내 사보타지조차도 실시하지 못할 것이다.

나는 왜 그러지 못할까. 끊임없는 부엌일들로 지친 몸이 물먹은 솜처럼 무거워져도, 명절에나 만나는 조카들이 처녀꼴이 배여 날로 예뻐지는 모습을 보며 흐뭇한 미소를 짓고, 내 아들이 수염 곰실곰실하게 자라 큰집의 문턱에 머리를 찧을 때마다 그 조카를 바라보는 큰아버지의 시선에 말하지 않는 가슴 벅참이 담겨있음을 알기 때문이다. 스무 명 분의 설거지거리가 산처럼 담긴 개수대 앞에서 두려움 없이 팔을 걷어 부칠 수 있는 것은 핏줄이라는 끈끈한 접착제의 마취작용 때문이다. 내가 아무리 한가위에 대한 거부감을 가지고 있어도 그것이 고향으로 찾아드는 이 지독한 관성을 능가할 수 있겠는가.

내 아이들은 어떠했던가. 추석 때마다, 딸 하나를 달랑 남기고 일찍 돌아가신 아버지의 산소에 성묘를 가곤 했다. 아버지는 그 딸이 번성시킨 세 손주들이 일 년에 한 번씩 인사 여쭙는 것을 가장 크게 기뻐하셨을 것이다. 자식 대동하고 얼굴도 기억 못하는 아버지 산소를 찾는 제 에미 마음의 미묘함을 모르는 아이들은 야외 나들이 가는 기분으로 들떠서 따라나서곤 했다. 그러기를 이십여 년. 막내가 25세가 되었으니 어지간한 세월이 흘렀다. 그런데 올해에는 성묘를 마치고 내려오는 길에 막내가 말했다. '할아버지 묘소에 봉분을 올려드려야 하지 않느냐고.' 누군가 아버지 묘지까지 넘보고 또 다른 무덤을 나란히 만들어 상대적으로 늘 초라해 보이던 산소였다.

그 말을 했던 아들을 생각하며 나는 한가위 거부라는 단어를 가슴에서 지운다. 당장은 힘들고 실속 없는 일일지라도 세월은 내 아이에게 존재의 시원始原을 생각하게 해주었고, 그것의 소중함을 깨닫게 했기 때문이다. 우리의 생에서 진실로 소중한 것들은 그렇듯 긴 시간을 흘려보내면서 얻어지는 것임을 왜 모르랴. '더도 덜도 말고 한가위만 같아라'는 함부로 걷어 들일 수 없는 마력을 가진 말이었다.

아름다운 사람

곱다, 아니 아름답다. 헤아릴 수 없이 많은 종류의 꽃이 있는 장미 정원을 둘러보고 나왔을 때에도 이런 감동, 이런 여운은 없었다. 그곳에선 잠시 눈길을 사로잡아 꿈길을 걷듯 헤매다 나오면 색색의 현란함을 즐긴 물리적 여운이 잠시 나를 혼란시켰을 뿐, 이토록 내 영혼을 공명되게 하진 못했다.

할머니는 팔순이시다. 외할머니의 올케이니 일반적인 친족 관계에서라면 나와는 그리 가까운 분이 아니다. 그러나 유년 시절 외가에서 살던 나를 외할머니가 돌아가시자 이웃이었던 그 할머니가 거둬주셨다. 봄이면 나물 캐서 죽을 끓여 먹어야 했던 그 시절에 당신의 자식들만도 육남매였다. 시누이의 손녀였던 나를 더 가까운 누군가에게 보냈어도 원망 듣지 않았을 텐데 할머니는 기꺼이 받아주셨다. 보리밥에 호박잎 숭숭 썰어 넣은 된장국 반 대접이면 훌륭했던 끼니. 어쩌다 별식으로 고추장과 집장을 내놓는 날엔 할머니가 부엌에서 물그릇 들고 들어오시기도 전에 숟가락 놓고 일어섰던 나였다. '밥 한 술 더 주랴?' 왜 사양하지 않았던가. 어린 중정에 밥 한 숟가락 더 먹고 싶은 욕구가 미안한 마음을 앞질렀다. 내게 덜어주신 밥의 양만큼 할머니의 밥그릇은 홀쭉해졌다. 초등학교 가기 전의 어린아이였으니 나도 그때는 어쩔 수 없었겠다. 할머니의 허기는 내게 절반의 책임이 있었다고 생각하니 뒤통수가 부끄럽다. 그때의 할머니보다 조금 더 인생을 산 지금의 나, 정말 염치가 없어 고개를 들지 못하겠다.

'할머니, 힘든 시절이었는데, 이 사람까지 키워주시느라고 마음고생 많으셨지요.' 같이 간 남편이 말하자 할머니는 손사래를 치며 얼굴을 붉히신다. 어느 꽃이 이보다 더 아름다우랴. 그제서야 나는 할아버지와 할머니는 단 한 번도 큰소리를 내지 않고 사셨다는 것을 기억해낸다. 석수였던 할아버지, 고단한 하루를 보내고 가난한 저녁식사를 겸허하게 마치고는 성당으로 가시던 그 때의 두 분을 떠올린다. 그렇게 선하게 사신 분들이 신에게 올린 기도는 어떤 내용이었을까. 가난해도 온유하고 아름답게 살고 싶어 하셨던 두 분의 소망처럼, 두 분은 화사하진 않지만 보는 이의 마음을 평화롭게 해주는 찔레꽃 같다는 생각이 들었다. 할머니는 거동이 불편한 당신을 대신하여 할아버지가 살림을 하는 것이 못내 미안하다는 말씀을 여러 번 하셨다. 수줍은 미소를 가득 담은 얼굴로.

어떻게 살아야 그렇게 곱고 편안한 모습을 지닐 수 있을까. 가진 것 많아도 타인을 위해 내놓는 것은 없으며, 타인을 배려하기 위해 자신이 조금만 불편해도 견디지 못하는 우리들이 늙었을 때 저토록 맑고 투명한 얼굴을 지닐 수 있을까. 가난해도 초연하게 살 수 있는 품성이 할머니를 아름답게 지켜줬을 것이다. 선하게 산 사람은 노년도 아름답다는 너무나 평범한 진리를 나는 잠시 되새기고 있었다.

몸의 시대

아름다움의 기준

아름다움의 기준이란 개개인마다 차이가 있다. 그 차이 속에 각자의 개성이나 문화 가치관 인생관 등이 다양하게 존재한다. 그렇다 해도 그 시대에 통용되는 아름다움의 기준은 존재하기 마련이다.

고대 그리스에서는 얼굴의 각 부위가 조화로운 비율로 존재할 때, 가장 아름다운 얼굴이라 했다. 얼굴을 이마, 얼굴, 턱의 3부분으로 나누고 각각의 길이가 같고, 얼굴의 폭이 얼굴 길이의 2/3일 경우 가장 아름답다고 믿었다. 이는 기하학의 발달과 당시 종교의 영향이었을 것이다.

중세에는 아주 야위고 창백하여 마치 병자처럼 보이는 얼굴을 미인의 모습으로 여겼다. 실제로 중세의 귀족 중에는 일부러 출혈을 하여 창백해 보이게 했다고 한다.

르네상스 시대에는 신체적인 것뿐만 아니라 모성애, 신앙심 등의 영적, 심성적인 면까지 갖추어야만 미인으로 여겼다. 이후 근세 유럽에 왕권이 강화되어 영국, 프랑스 등이 많은 식민지를 거느리며 대제국으로 성장할 즈음에는 왕족들의 모습이 미의 대명사가 되었다. 특히 영국의 엘리자베스 1세의 경우가 대표적인 예인데 그녀가 즐겨 하였던 짙은 화장과 눈썹 손질, 머리 염색은 당시 최고의 미로 받아들여졌다.

현대에는 영화산업과 매스미디어의 발달로 인하여 할리우드 배우들의 얼굴과 몸매가 미의 기준이 되어버렸다. 이러한 영향으로 전 세계인의 미의 기준은 거의 동일해지게 되었다. 거기에 가세된 상업주의의 영향으로 여성들의 얼굴이 거의 비슷해지게 되었다. TV에서 보는 배우들의 얼굴에는 이미 개성이 거세되어 있다. 예쁘지 않아도 매력적인 모습을 가진 이들의 모습이 점점 사라지고, 모두 세우고, 깎아내어 그만그만한 모습들이니 각별하게 마음 가는 미인이 없다. 아름다움이란 단지 얼굴, 몸의 생김새로만 판단되는 것이 아니라고 말하는 것은 구시대적 발언이라고 매도될 일인가.

자본주의의 희생양

나는 건강한 체질이 아니어서 가끔씩 한의원엘 간다. 그 날도 원장님은 진맥을 하고 나서 내 앞의 환자 이야기를 하였다. 지극히 정상으로 보이는 여대생이 살이 쪄서 고민이라고 상담을 하고 갔다. 오히려 의원의 시각으로 보면 제대로 공부하는 학생이라면 기운을 북돋아주는 약이 필요하다고 생각했는데 살이 빠지는 약을 지어달라고 했다니 무슨 조화인지 모르겠다는 것이다. 이야기를 하다 보니 정도를 넘어서서 그 여학생은 체중에 신경이 쓰여 공부도 안 되고 아무 일도 하지 못하겠다고 하소연을 하였단다.

이쯤 되면 다이어트 중독이라는 말이 저절로 나온다. 74kg의 양귀비가 환생한대도, 64kg의 마릴린 먼로가 살아온다 해도 다이어트 광풍의 희생자가 될 수밖에 없는 우리나라다. 시대 따라 미인의 기준이 달라진다지만 적당히 통통한 몸이 미인이던 시절이 우리에게도 있었다는 것이 믿겨지지 않을 지경이다. 48kg의 허약한 몸매에도 안절부절 못하고 60kg이면 용서가 안 되는 여자들. 평균 체중의 사람들에게 L사이즈 옷을 입게 만드는 의류업자들의 상술. 기름기를 녹여내고, 굶기고 누르고 하여 초주검을 만드는 다이어트 산업들. 이쯤 되면 인간은 자본주의의 희생양이 되어버렸다.

안타깝게도 여성 개인의 능력이나 인격을 세상이 알아주지 않기 때문이다. 그래서 여성의 몸은 남의 돈이 되고 있으며 능력 계발에 쓰일 귀중한 시간과 돈과 에너지가 헛되이 낭비되고 있다. 이게 단지 여성 개인만의 취향이며 문제이며 잘못인가. 다이어트 광풍을 부채질하는 국가와 사회와 다이어트 업체, 그리고 병원….

우리나라 사람들은 예뻐지고 싶다는 생각을 자연스런 욕망의 발로로 간주하지만 좀 더 세밀하게 들여다보면 그렇지 않다. 날씬해서 예뻐지는 것은 인간 모두의 욕망이지만 궁극적인 목적이 무엇인가를 들여다보면 그리 단순하지 않다. 미의 기준은 보는 사람마다 다른 개인적인 영역인데, 현재 우리의 미인관은 작고 갸름한 얼굴, 백인처럼 높은 코와 늘씬한 몸으로 획일화되어 버렸다. 이는 매체자본이 정형화시킨 서구적인 기준이다. 이러한 미에 대한 욕망을 자극하는 것은 스포츠신문이나 잡지, 텔레비전 등 상업적인 매체들이 주도적인 역할을 한다. 서구 중심의 세계 체제와 지역적인 대리인들이 표준으로 삼는 신체 모델에 제 몸을 무조건 맞추려는 것은 노예 근성과 다를 게 무엇인가.

이제 몸이 인간의 행복을 저울질하는 시대다. '정신은 고귀하고 육체는 천하다'는 생각은 '나는 몸이며 몸은 곧 나'라는 생각으로 바뀌었다. 신체를 하대하던 시절을 보상이라도 하려는 듯 현대인들은 몸을 가꾸고 다듬는 데 많은 돈과 시간과 열정을 할애한다.

가끔 건강을 위해서라면 무엇이라도 다 내줄 듯 호들갑을 떠는 사람들을 볼 때마다 당신의 마음은 건강한가라고 묻고 싶을 때가 있다. 몸은 정신을 담는 그릇, 그릇이 짱짱하고 반짝반짝 빛나는 것도 좋지만 그릇만 닦아대고 그 안의 내용물은 썩어서 냄새 폴폴 풍기면 어떻게 될까. 정신이 은화처럼 빛나는 것까진 바라지 않아도 부패하거나 흐물거리는 것은 지양해야 하지 않을까. 가장 적절한 것은 몸과 정신 두 메커니즘이 적절한 조화를 이루는 것일 텐데. 21세기에 사는 사람들에겐 이 또한 너무 큰 욕심일런지.

작은 생각 하나

얼마 전에 마음 상한 일이 있어 선생님을 찾아뵈었다. 늘 과묵하신 분이라 살뜰한 정을 내보이는 분은 아니었지만 살아가면서 지쳐 어디든 기대고 싶을 때 생각나는 분이었다. 복잡다단한 인간 세상의 일이 어디 누구의 말 한 마디로 해결될 것인가. 하지만 선생님께 가슴속의 답답한 사연을 조곤조곤 풀어내다 보면 자신도 모르는 사이 해결책이 있다는 것을 발견하기도 한다. 굳이 선생님이 말씀하지 않아도 내 스스로 해답을 얻어내는 것이다. 그 날도 선생님과 이런 저런 이야기를 나누고 있는데 다른 손님이 찾아왔다. 아쉬운 마음으로 일어서는데 선생님은 두리번거리며 뭔가를 찾고 있었다. 내가 인사를 하며 나오려 하자 마음이 급해진 선생님은 화장지를 톡톡 뽑아 송편 몇 알을 싸주셨다. 추석 무렵이어서 송편을 좀 사들고 갔는데 뜻밖의 손님으로 내가 일어서자 그걸 급히 싸주신 것이다.

그 날 나는 걱정거리를 여러 가지 안고 있었지만 선생님을 만나고 선생님이 싸주신 송편을 들고 오며 대부분 해결해 버렸다. 선생님 말씀대로 운전을 하면서 정지 신호를 받을 때마다 송편을 하나씩 먹었다. 배가 고팠기 때문에 더 먹고 싶어도 그럴 수가 없었다. 송편 하나를 먹을 때마다 둘둘 말린 화장지를 벗겨내야 했는데 찰진 송편에 눌러 붙은 화장지가 순순히 떼어질 리는 만무했고, 손톱으로 일일이 화장지를 뜯어내다 보면 송편은 훨씬 작아져 있었다. 나는 송편을 하나씩 들 때마다 거기에 붙은 화장지를 떼어내며 선생님과 나눈 대화의 내용을 떠올렸다. '초연해라' '사람들과 부대끼며 살면서 어떻게 그럴 수 있지요?' '그럴 수 없으면 허물어라' '뭘요?' '네가 갖고 있는 마음의 벽을. 그래서 누구든 자유로이 드나들 수 있는 길을 열어 주어라.' 나는 송편에 들러붙은 화장지를 몰두해서 뜯어내며, 점점 몸피가 작아지는 송편을 보았다. 삶에 있어서 근심이란 송편과 화장지처럼 떼어내려 하면 오히려 자기 본질을 뜯어내려는 행위와 같은 것 아닐까? 고통 없는 삶은 살아있는 것이 아닐 터인데. 수많은 길은 고뇌로 만들어진 것들 아니던가. 행과 불행은 한 몸이란 걸 왜 몰랐을까. 그걸 깨닫는 순간 내 문제들은 부끄러운 듯 슬그머니 자리를 떠났다.

누군가 그랬던가. 스승은 큰 나무 그늘과 같은 존재라고. 그래서 떠나있던 제자들이 가끔씩 찾아들어 쉬면서 응석도 부리고 삶을 재충전해서 다시 떠나게 하는 그런 존재. 삶이 다양해짐으로 해서 현실은 한없이 각박해지고 있다. 이런 세상을 살아가면서 그런 스승 한 분만 모실 수 있다면 얼마나 큰 행복이랴. 일년 내내 떠나 잊고 살다가도 어쩌다 가끔씩 생각나 안부를 여쭤도 서운한 내색 없이 껄껄껄 호방하게 웃어주는 그런 스승 말이다. 모든 관계라는 것도 시대 따라 변할진대 스승과 제자의 관계에 대해 내가 지나치게 욕심 부리는 것은 아닌지 모르겠다. 하지만 아무리 욕심 부려도 지나치지 않는 것 중의 하나가 스승과 제자의 웅숭깊은 사랑 아닐까.

일상의 흔적에서

언제든 저 속을 시원하게 정리해야지, 싱크대를 열 때마다 하던 생각이었다. 그렇게 한 계절이 다 가도록 생각만 하다가 오늘은 마침내 두 개의 싱크대 문을 활짝 열어제쳤다. 아마 겨울 속에 숨어 저만치 오고 있는 봄이 게으른 몸을 간친스럽게 꼬드겼던 모양이다. 저 그릇들은 필요에 의해 만들어졌고 제 역할을 다 해야 할 텐데, 좁은 공간에 차곡차곡 쟁여져 있었으니 하마 주인을 원망했을지도 모를 일이다. 자주 쓰는 주방 용품들은 그런대로 윤기를 내며 폼을 재고 있었지만, 몇 년 동안 손때가 묻지 않은 것에는 부옇게 먼지가 내려앉아 있었다. 살림살이 건사 잘하지 못하는 주부라는 평가에는 이의를 제기할 마음이 없으나 그것을 받아들이자니 자신에게 고개가 저어진다. 일상을 대하는 내 태도가 스스로 마땅치 않았기 때문이다.

신문지를 깐 바닥에 그릇을 모두 부려놓고, 버릴 것과 그대로 둘 것을 선별해갔다. 아끼느라 쓰지 않았던 예쁜 냄비, 돌솥 밥을 해보겠다고 샀다가 너무 무거워서 쓰지 못했던 솥, 오랫동안 사용해서 바닥이 닳아버린 솥, 쓰지도 않으면서 버리지 못하고 쌓아둔 게으름이 나에게 죽비를 내려치는 듯하였다. 언제부턴가 비우기를 하겠다고 스스로에게 선언만 했지 정작 나는 작은 실천도 못하고 살았는가 싶었다.

거의 정리가 끝나갈 무렵, 싱크대를 닦아내기 위해 무심코 가장 깊숙한 곳을 들여다보다 어두운 가장자리에 떨어져 있는 작은 물건이 눈에 들어왔다. 플라스틱 조리였다. 꾀죄죄한 꼴이 어느 재활용 수거함에나 담겨있어야 어울릴 듯했다. 그러나 나는 그 물건이 정겹고 반가웠다. 좀 전의, 자괴감의 늪에 빠져 있던 나를 구제해 주는 것 같았다. 버리지 않고 두었던 물건 중에 최고의 의미를 담고 있는 것이기 때문이다. 그것은 내가 결혼하고 분가할 때 소꿉놀이 하듯 준비했던 신접살림살이 중의 하나였으니 30여년을 나와 함께 보낸, 내 삶의 흔적을 고스란히 담고 있기도 하다.

우리 집엔 그런 물건이 서너 가지가 있다(더 있는지도 모르지만). 세 아이가 태어날 때마다 거기에 목욕시키던 스테인리스 세수 대야, 가족들이 먹을 밥을 짓기 위해 쌀을 일구던 조리, 그리고 아이들이 먹을 국을 뜨던 그들 닮은 자그마한 국자, 식구들의 노동의 양만큼 닳는 양말을 꿰매고 뜯어진 옷 솔기를 감침질 했던 실과 바늘을 담는 반짇고리. 그중 국자는 지난해 아이들이 시켜먹은 자장면 그릇에 얹혀 중국집으로 딸려가고 말았다. 작은 국자는 늘 요긴하게 쓰여 그날 밤에 없어진 줄 알았지만 이미 엎질러진 물이었다. 그 때 나는 아쉬워하면서도 그것을 찾으러 중국집으로 달려가진 못했다.

나머지 세 가지는 아직도 유용하게 잘 쓰고 있다. 반짇고리는 레이스가 조금씩 풀어져서 나이 들어가는 내 모습처럼 낡아가고 있지만 가위와 실과 실패를 담는 데에는 무리가 없으니 그대로 간직하고 있다. 그리고 세수 대야는 아이들을 씻겨 키운지 오래 되었으니 그 역할을 다 하고 지금은 가족의 빨래 삶는 용기가 되었다. 수세미로 닦아주면 여전히 반짝반짝 윤이 나는 걸 보면 나와 생을 끝까지 할지도 모를 일이다. 낡고 낡아 버릴까말까 하던 조리는 1년에 한두 번 사용하니 한 구석에 끼워두었다가 필요할 때 꺼내 쓰고 제자리에 두면 사거나 버릴 것을 고민하지 않아도 되는 물건이어서 내가 가진 소소한 살림살이 중에 공간 차지하지 않고 사용 빈도수 적으니 그 자리에 두면 가끔씩 꺼내 쓸 수 있는, 가장 만족도가 높은 것이기도 하다.

아주 가끔 아이들이 보는 데에서 조리를 쓸 때가 있고, 아이들이 싱크대를 열어 물건을 찾다가 조리를 발견할 때면 함께 이야기를 나누곤 한다. 엄마의 새댁시절 부엌에서 몰래 한 아빠와의 사랑 이야기며, 고모나 삼촌, 할머니와의 작은 갈등, 그러저러한 시집살이 이야기를 하며 우리는 함께 깔깔거린다. 때로는 우리 집 골동품이라 호들갑을 떠는, 그 남루한 것을 들고 요리조리 훑어보며 농을 치는 아이들을 보며 시간이 흘러 저 아이들이 내 나이가 되면 무슨 생각을 할까 세월을 미리 달려가 보기도 한다. 아이들이 내 나이를 사는 시대엔 많은 것이 변화하겠지만 우리들의 습속이라는 것, 살아온 경험이라는 것, 작은 일상이 모여 우리의 정신을 어떻게 끌어오는지, 그런 일상과 우리네 삶은 얼마나 촘촘하게 교직되어 있는지를 알기 때문이다.

큰 아이가 서른이니 성혼할 나이가 되었다. 세 아이를 두었으니 그 아이들이 독립하게 될 때마다 어미로서 물려주어야 할 무엇인가가 있다면 가끔 아이들과 공유하며 보여준 시간의 흔적들, 그로 인해 쌓인 우리 생의 모습이지 않을까. 그것들이 쌓여 고스란히 우리 가족이 어떻게 살아왔는지의 가족사가 될 것이다. 그런 시간과 공간에서의 우리 가족의 모습은 우리 집의 문화가 된다. 문화란 거대한 개념만이 아니라 개인의 소소한 일상의 궤적이기도 하다. 누군가 자신이 아끼고 좋아하는 물건을, 혹은 작고 보잘 것 없어도 의미를 더 소중하게 두고, 사랑하고 보존하는 것도 그들의 문화가 될 수 있다. 늘 호화롭게 반짝이는 물건만 중히 여겨지는 것은 아니다. 어쩌면 진정한 의미의 문화는 화려하게 빛나는 교환가치를 지닌 물질에 있다기보다 그 사람이 생활하며 가꾸고 꾸준히 보존해서 이어온 효용가치 없는 재산들, 즉 향수 속에 존재하는 것이 아닐까. 그래서 진정한 문화는 물질적 가치로 환산할 수 없는 것 속에 존재한다.

내가 가진 물건보다 더 예쁘고 튼튼하고 화려한 것이 얼마든지 많은 현실이다. 나도 모르게 무심하게 사용하고 보관해오던 작은 살림살이가 오늘에는 내게, 우리 가족에게 의미를 부여해 주었다. 물질의 홍수 속에서 구매를 줄이고 줄여도 살림은 줄어들기 쉽지 않다. 지혜로운 소비란 어떤 것인지 그 동안의 자신을 반추해 본다. 내 살림살이는 내 대에서 소멸할 테지만 아무것도 아닌 것 같은 초라한 조리에 대한 기억은 내 생의 모습과 함께 폐기할 수 없는 아름다운 가치로 아이들의 마음에 알게 모르게 스며있을 것이다. 최소한 내가 착각하고 있지 않다면 말이다.

표면적 줄이기

옷을 입을 때마다 비애스럽다. 최근 들어 허리 사이즈가 많이 늘었기 때문이다. 불과 이태 전까지만 해도 내가 살이 찌고 있다는 것을 느꼈을 때, 평생 말라깽이로 살아왔음으로 그것은 차라리 기쁨이었다. 그러나 그 기쁨은 잠시, 나잇살이라는 것은 결코 만만치 않았다. 처음엔 맞지 않는 옷들을 고치러 수선집에 들락거리며 가족들에게 나도 살이 찌고 있다고 법석을 떨었다. 살찌는 일이 자랑이 아니라는 것을 몰랐던 것이다. 그러나 이제는 옷들이 모두 고쳐 입을 수 있는 정도가 아니기 때문에 신경 쓰이는 일이 많아졌다. 체형이 달라짐에 따라 미시족에도 미세스족에도 속하지 못해 들락거리던 단골 매장부터 바꿔야 했다. 어디 가서 싹싹하게 말 붙이는 일조차 제대로 하지 못하는 성격이다 보니 이 한 가지만으로도 이

만저만한 스트레스가 아니었다. 그래서 부피가 늘어나는 것은 새 옷을 사는 경제적 부담은 차치하고라도 이래저래 맞춰서 살아야 하는 인간 세상에서 그리 달가운 일은 못 되었다. 그러니 내가 느끼는 비애스러움은 가중될 수밖에 없었다.

예전엔 허리 사이즈가 30을 넘었을 것 같은 여자들을 보면 제 몸 하나 제대로 건사하지 못한다는 생각을 하였다. 자신에게 얼마나 무심했으면 저토록 대책 없이 살을 찌웠을까 싶어 좀 비아냥거리기도 하였다. 그때만 해도 나는 주변 사람들로부터 살이 좀 쪄야 한다는 소리를 자주 듣고 있었다. 남편은 처가에 갈 때마다 혹여 자신이 잘못하여 내가 마른다고 생각할까봐 신경이 쓰이는 눈치였다. 실제로 나는 음식을 잘 먹는 편이었지만 신경이 예민해서인지 살이 찌지 않았다. 1년이면 몇 달 동안 보약을 먹으면서도 나는 늘 비실거렸다. 그러기를 몇 년, 나이 마흔이 넘자 예전과 달라지기 시작했다. 이름하여 나잇살이라는 것이 내게도 적용되었다. 아주 조금씩, 느낄 수 없을 정도로 조금씩 몸무게가 늘기 시작하더니 이제는 예전의 옷을 입을 수 없게 되고 만 것이다.

어느 날, 마트로 장을 보러 가게 되었다. 일주일에 한 번씩은 장을 봐야만 아이들 도시락을 준비할 수 있기 때문에 규칙적으로 가지 않으면 안 되었다. 그러니 새삼스러울 것도 없이 이것저것 사들고 집으로 돌아왔는데 그날따라 들고 온 보퉁이가 너무 많았다. 평

소처럼 부엌에 부려놓은 부식들을 냉장고에 정리하였다. 칸칸마다 제 자리에 들어갈 내용물을 채우고 문을 닫으려다 문득 묘한 기분을 느꼈다. 예전 같았으면 그것들을 냉장고에 정리하고 나면 뿌듯해야 했다. 그것들이 모두 내가 사랑하는 가족의 양식이 된다는 포만감에서 흐뭇했을 것이었다. 그러나 그 날은 아니었다. 아무리 배가 고픈 상태에서 쇼핑을 했다해도 내 스스로도 한심하다는 생각이 들었다. 바게트, 슈크림빵, 갖가지 색깔별로 예쁘게 담아진 떡, 콩물국수를 할 수 있는 재료, 생선 찌개감, 온갖 야채와 과일… . 나는 내 식탐에 소스라치고 말았다.

어느새 나는 이런 사람이 되어 버렸을까. 형언할 수 없는 서글픔이 일었다. 이삼일 안에 먹지 않으면 맛이 떨어지거나 부패할 식품들을 그렇게 많이 사와서 어쩌자는 것이었을까. 다 먹을 수 없다는 것을 알면서도, 아니 물건을 집어드는 순간에는 이것저것 생각하지도 않고 욕심을 부리는 까닭은 무엇일까. 내게 욕구불만이나 비정상적인 심리적 요인이 있는 건 아닐까, 이렇게 나도 망가지고 마는 것일까. 막연한 두려움이 몰려들었다. 머리끝이 쭈뼛쭈뼛 일어섰다. 언제부터 내가 그렇게 음식을 탐닉해 왔던 것일까. 그러면 그렇지. 내게도 몸피가 부는 이유가 있었음을 모르고 나는 애꿎은 나잇살이라고 내 자신을 변명하고 있었던 것이다.

끼는 옷을 입다가 잡히던 허리 살이 문득 부끄러워진다. 그게 어디 살아온 세월을 표징하는 것 만이겠는가. 식탐의 결과일 테고 나라는 인간이 세상에 대해 부리는 욕심이 많아졌음을 단적으로 보여주는 것이 아니고 무엇이랴. 그것은 내가 굳이 원하지 않았는데도 어느 새 나태해진 내 의식 속을 비집고 들어와 나를 조종하고 있었다. 물질이 풍요로운 시대에 살면서 유난을 떤다고 생각할 수도 있다. 그러나 그 한 가지 사실만으로도 내가 현실을 대하는 마음가짐에 헛바람이 새어들게 하는 틈새를 가지고 있다는 것이 증명된 셈이다.

사고 싶은 걸 마음대로 살 수 있다는 것은 행운일 수도 있다. 그러나 그 즐거운 유혹에 빠지게 되면 자칫 자제력을 잃기 쉬운 것도 사실이다. 사고 싶은 걸 마음대로 사는 것은 얼핏 보면 문제가 되지 않을 수도 있지만 가랑비에 몸이 흥건하게 젖듯 자신이 어찌할 수 없는 지경에 이를 수도 있다. 인간이 뭔가를 해도 좋은 환경에서 자신을 다그치고 절제하는 일은 여간한 의지가 아니면 어렵기 때문에 조금만 방심해도 주체할 수 없는 상황까지 빠져들 수 있다. 지금의 내 자신이 그 단계에 이른 건 아닌지.

예전에는 사람들을 대하면서 상대가 못마땅한 일을 해도 드러내서 내 마음을 보이지는 않았다. 굳이 얼굴 붉히며 내 의견을 전달하지 않아도 내 마음 속에만 다져두면 내가 판단하는 옳고 그름의 경계선은 이미 그어진 셈이기 때문이었다. 그런데 지금은 상대가 틀렸으면 틀린 거라고 말해야만 직성이 풀린다. 전처럼 내 자신과의 다짐만으로는 성이 차지 않아 내 뜻을 상대에게 전하고 싶어 안달인 것이다. 그래서 나는 내 마음과 자주 싸운다. 틀린 걸 틀리다고 말해야 하나, 참고 담아두어야 하나 하는 문제로. 가끔씩 절제하지 못해 내 주장을 하고 나서 고통을 당하기도 한다. 그 모든 것들이 아마 내가 욕심을 부리기 때문일 것이다. 아무리 선善이어도 혼자만 고집하면 독선이 될 텐데 그것도 모자라 상대가 내 방식으로 따라와 주길 바란다면 그것은 과욕이 되지 않겠는가. 그래서 나는 혼돈스럽다. 이 다양한 삶들 속에서 보편적인 가치 기준을 어떻게 정할 것이며, 그 기준이 적용되기도 어려울 것이겠기에 말이다. 그런데 나는 세상에 대해 무슨 욕심을 부리고 있는 건가. 자신의 욕심이나 줄일 일이지.

어떤 친구가 그랬다. 굵어진 자신의 허리를 만지면 혐오스러워진다고. 삶에 대한 결벽증을 갖고 있는 사람이 아닐지라도 그 혐오감의 의미를 이해할 것 같다. 허리가 굵어진다는 것은 단순한 뜻이 아닐 것이다. 굵어진 허리만큼 세상사에 관한 욕심도 불어났을 것 아닌가. 아아, 늘어난 허리 사이즈만큼이나 불어나 있는 욕망을 나는 어찌 감당해야 할까. 잠시만 한 눈 팔고 나면 금세 변화하는 현실에서 욕망은 점점 사다리를 높이 쌓아갈 것이고 그 위에 서 있는 나는 어느 시점에서 추락할 것인가. 두렵다. 작은 소망들을 꿈꾸며 행복해 하던 시절은 다시 오지 못할 것인가. 의지할 이 한 사람만 있어도 세상이 온통 내 편처럼 느껴질 거라고 생각하던 시절, 소꿉놀이하듯 차린 신혼 살림, 댓돌 위의 신발이 한 켤레 늘었을 때의 희열감, 처음 내 집을 마련했을 때의 기쁨, 그리곤 더 이상 욕심은 부리지 않겠다고 다짐하던 때가 언제였던가.

나는 다시 냉장고 문을 열고 물건들을 끄집어냈다. 보기만 해도 군침 도는, 진열대에서 바구니에 담을 땐 더없이 행복했던 식품들을 다시 쇼핑백에 나눠 올케에게 보냈다. 아무것도 모르는 아이들은 의아한 표정이었고 올케는 날아가는 목소리로 고맙다는 전화를 했다. 수화기를 내려놓으며 나는 거울에 비친 자신과 약속을 한다. 불어난 내 허욕의 덩어리를 조금씩 떼어내어 표면적을 줄여야겠다는. 자신의 식욕마저 조절하지 못하는 인간이 어떻게 다른 것들을 조절할 수 있겠는가. 그렇게 해서라도 체감 욕망도를 낮추게 된다면 회오리바람 부는 세상에 서 있어도 최소한 현기증은 면할 수 있지 않겠는가.

※ 이 작품은 2005년에 발간된 수필집 ≪표면적 줄이기≫의 표제작이다. 〈표면적 줄이기〉 창작노트의 이해를 돕기 위해 재수록함을 밝힌다.

〈표면적 줄이기〉의 창작 노트

작품 〈표면적 줄이기〉는 그야말로 삶의 체험과 사유와의 관계에서 나온 작품이다. 그리고 한 순간의 느낌을 포착한 것이 아니라 조금씩 변화해가는 것들을 눈여겨보았다가 소재로 활용했다. 세상의 변화하는 모든 것들은 한 순간에 달라지는 게 아니기 때문이다. 심지어는 마음의 변화조차도 자신이 의식하지 못하는 사이에 조금씩 달라지다가 어느 순간 집적되어 표면화 될 때 그 순간을 가리켜 '변화'라고 말하지 않던가. 마찬가지로 내 허리 사이즈가 조금씩 불어나 입고 있던 모든 옷들을 입을 수 없는 한계상황에 다다랐을 때에야 나는 몸피가 불어난 것에 대한 원인을 생각하게 되었다.

매우 빤한 이치였다. 좀 과장해서 표현하면 예전엔 식탐이 없었다. 배고픔을 참을 줄 알고, 공복상태가 주는 약간의 비어있음의 느낌을 즐길 줄 알았다. 몸이 갖는 느낌 중에서 그 상태가 가장 행복했다. 물론 배고픈 시절에 성장했기 때문에 주린 배의 고통도 알고, 욕심껏 먹었을 때의 포만감이 주는 행복이나 불쾌감의 이중성도 알고 있다. 그러나 물질이, 먹거리가 넘쳐나는 시대의 지금은 포만감은 오히려 몸과 정신을 괴롭히는 일이 되었다. 가득 차서 부담스러운 몸은 이제 비워달라고 아우성치는 시대에서 살기 때문이다.

그렇게 보이지 않는 변화가 진행되다가 어느 날, 장바구니의 무게가 너무 무거워 힘겹게 들고 들어온 것이 직접적인 동기가 되었다. 작품 속에서처럼 냉장고에 식품을 정리해놓고 돌아서는데 뿌듯함보다는 자신에 대한 비애감이 밀려들었다. 내 모습이 이게 뭔가. 나이 들어가며 욕심을 줄여야 한다는 생각은 그저 관습적인 허영일 뿐, 자신의 삶에 대해 무절제하게 방기하고 있다는 자각 때문이었다. 식탐이 늘어나는 만큼 일상적인 욕심은 물론이고 정신적인 욕심도 늘어가겠다는 생각이 들어 허리 사이즈와 욕망의 문제로 끌어갔다. 인간이 욕심을 과하게 부리면 영혼마저 그 순수성을 잃는다. 사실 주제는 여기에 두려 하였다. 몸피가 불어나는 것보다 내 영혼이 혼탁해질까 두려웠기 때문이다.

소비 자본주의 시대에 살면서 어느 정도는 써도 감당이 될 만큼 가진 사람이 소비를 절제하는 일은 매우 어렵다. 물질은 넘쳐나서 눈만 뜨면 갖고 싶은 것 천지이기 때문이다. 그 탐심을 버리는 것,

그 물질과 나의 거리를 적절히 조절하는 것이 자신을 잘 다스리는 방법일 것이다. 이를 형상화시키기 위해, 그리고 딱딱할 수 있는 소재를 쉽게 쓰기 위해 일상사를 끌어들였다. 물론 성공 여부는 독자들의 강평에 있겠지만.

6 다른 시각으로 읽다

신비를 모조리 벗겨버리다

– 존 필미어(John Pielmeier), ≪신의 아그네스≫

1. 여는 글

위대한 작품은 놀랍도록 교훈적이다. 예컨대 토마스 만은 ≪토니오 크뢰거≫에 나오는 주인공 토니오를 통해 이렇게 말한다. “작가는 진실에 진실해야 한다” 그런데 토니오가 진실에 진실하면서 애정을 기울이는 사람은 살인자이다. 왜냐하면 인간을 진실하게 그려내는 유일한 방법은 인간이 지닌 불완전함을 그리는 것이기 때문이다. 완전한 인간은 사람들의 흥미를 끌지 못한다. 불완전한 인간은 작가가 진실한 언어의 창을 던지면 상처를 입고 만다. 그러나 그 창은 사랑의 창이다. 이것이 토마스 만의 이른바, ‘에로틱 아이러니’라는 것이다. 잔혹하고 분석적인 언어를 통해 자기 손으로 죽이고 있는 대상에 대한 사랑이라는 것이다.

조금 더 나아가보자. 완전한 것은 비인간적이다. 보고 듣는 사람에게 초자연적인 인간이나 불사신이라는 느낌을 주는 것보다는 아슬아슬한 것, 인간이라고 느끼게 하는 인간미, 이게 사랑스러운 것이다. 하느님을 사랑하는 데 몹시 힘이 드는 사람은 다 완전성을 추종하려 하기 때문이다. 하느님에게는 불완전한 데가 없다. 하느님에게 두려움을 느낀다면, 그 느낌은 진정한 사랑으로 연결할 수 없다. 그러나 십자가에 매달린 그리스도는 사랑스럽다. 왜냐하면 그 때의 그리스도는 고통스럽게 보이기 때문이다. 고통은 불완전한 존재만 체험하는 것이다. 그처럼 작품에는 인간적인 고통, 인간적인 분투, 인간적인 삶에 관한 지혜를 터득하는 인물이 등장해야 사랑스러운 이야기가 되는 것이다.

가끔 어린 조카들을 만난다. 제 부모 따라 내 집 현관에 들어선 아이들은 조막만한 손으로 신발을 벗느라 끙끙거리고, 호기심을 펼치기 위해 온 집안을 헤집고 다니느라 뒤뚱거리며 걷는 모습은 웃음을 자아내게 한다. 몇 시간, 혹은 한두 시간 와 있는 사이에도 작은 몸을 가누느라 엎어지고 자빠지고 하는 모습은 가히 웃음보따리다. 그 우스꽝스러운 모습이 얼마나 사랑스러운지 그 아이들에겐 거의 모든 것을 면제해 준다. 그 모습에서 가끔 신성을 느낀다면 지나친 과장일까. 그러다가도 어느 순간, 흥미로운 놀잇감을 발견하면 금세 빠져드는 아이들이 참으로 신기하다. 그 아이들이 한바탕 야단법석을 떨다 돌아가는 길이었다. 아이가 작은 키 탓에 까치발을 들어 엘리베이터 버튼을 누르려는데 기계가 먼저 작동되었다.

"고모, 얘가 지 맘대로 올라가요!"

순간, 내 머리에 수많은 전구들이 스파크를 일으켰다. 하하, 이런 기쁨을 누구에게서 또 얻을 수 있을까.

불완전한 존재가 갖는 매력들이다. 불완전한 것은 순수하기도 하다. 그들은 타인에게서 시비를 가리려 하지 않는다. 어느 신화연구가는 세상에서 가장 순수한 것을 '동의'라 했다. 나 아닌 타자에게 아무런 타산 없이 동의해 주는 것 이상의 순수가 또 있을까. 신화는 그렇게 시작된다. 아니, '신화'의 자리에 '신성'을 대신해도 좋을 것 같다. 신성은 불완전함과 순수의 틈새에 존재할 것이다.

≪신의 아그네스≫, 존 필미어(John Pielmeier) 작품으로 1982년 초연되었다. 충격적 소재와 철학적 성찰로 여성들의 에쿠우스로도 불리는 이 작품은 미국에서 공연된 그 이듬해인 1983년 한국에 수입되어 윤석화가 첫 번째 아그네스 역을 했고, 박정자, 손숙, 윤소정 등이 열연하며 30년 동안이나 변함없이 사랑받아왔다. 이 지면에서 다루는 것은 연극이 아니라 희곡이다. 물론 극본의 내용과 연극은 다르지 않다. 다른 한 문제는, 그간 이 작품에 대한 해석은

주로 종교적 입장에서 시도해왔는데, 신화라는 좀더 넓은 스펙트럼으로 투과시켜 보려 한다. 신화는 종교를 아우르는 것은 물론, 문학과 예술에 무엇이 있는지 가르쳐줘, 인간 정신의 모습을 담아내고 있기 때문에 우리 삶의 얼개이기도 하다.

2. 신의 노래, 천구天球의 가락

현대인은 신화가 우리와 무슨 관계가 있느냐고 묻는다. 이를테면 '그리스 신들 따위'가 오늘날의 인간 조건과 어떤 관계가 있느냐고 냉소적으로 생각한다. 그리스 신들이 우리와 아무 관련이 없다고 믿는 것은 대단히 현대적인 견해이다. 그러나 우리가 알지 못하고 있는 것은, 부서진 질그릇 부스러기가 문화 인류학의 박물관에 진열되어 있듯이 '신화 따위'의 잔재가 우리의 믿음이라는 내면적 체계의 벽에 줄지어 있다는 점이다. 우리는 구조적인 존재이기 때문에 우리와 인연이 있는 이러한 신화적 요소들이 아직도 어떤 에너지로 작용한다. 그 에너지를 우리는 신성이라 하기도 하고, 그 의례가 바로 이 에너지를 촉발한다. 뿐만 아니라 프로이트는 인간의 무의식 속에서 태고의 잔재들과 원시적인 기능 양식을 확인해낸다. 즉 인류 최초의 마음인 태고의 특성이 현대인의 무의식 속에 내재돼 있다는 것이다. 그것이 최초의 신화이고, 그 신화는 인간 본능의 토대와 밀접하게 관련이 있는 것이다. 현대의 우리는 수많은 이미지를 통해 신화를 접하게 된다.

피그미족의 전설에 이런 이야기가 있다. 숲에서 소년이 새를 잡아왔다. 소년의 아버지는 새에게 먹이를 줄 수 없다고 굶겨 죽게 했다. 소년의 아버지는 새를 죽이고, 새의 노래를 죽이고, 제 자신을 죽였다. 새의 노래를 들을 수 없는 사내도 영원히 죽었다. 신화는 노래의 이야기이다. 새의 노래를 듣는 자는 자신의 노래를 듣는다. 노래를 들을 수 없는 것은 자기 본성을 파괴하는 행위와 다르지 않다. 한 선사의 설법장에서 설법을 시작하려는 찰나 새가 끼어들어 노래를 하자 '이로 내 설법은 끝났다'라고 말한 바와 같다. 그러므로 인간은 육신의 에너지에서 부추김을 받는 상상력으로 실제로 살아있음의 황홀함을 느낄 수 있는 존재다.

아기는 어디서 오느냐는 의사의 질문에 '하늘에서 내려온 천사가 엄마의 가슴에 빛을 비추어 주고 엄마의 귓가에 휘파람을 불어주면 좋은 아이가 태어난다'고 말하는 21세의 수녀 아그네스가 급작스런 출산을 하게 된다. 하지만 아그네스의 아이는 어머니의 품에 안기지도 못한 채 탯줄에 목이 졸려 쓰레기통에 버려진다. 아기의 아버지가 누구인지 밝혀지지 않는 것은 물론이다. 이 사건의 진실을 파헤치기 위해 정신과 의사 리빙스턴이 수녀원을 찾아온다. 수녀원의 원장은 이 사건이 조용히 해결되기를 바라지만, 리빙스턴은 사건의 전후 관계를 조사하는 수준에 머무르기를 원치 않는다. 아그네스 수녀에게 정신적인 문제가 있다고 판명되면 그녀에게 치료의 손길을 제공하고자 하는 의도를 가지고 있기 때문이다. 이 가상한 동정이 앞에서 말한 '에로틱 아이러니'를 발생하게 만든다. 잔혹하고 분석적인 언어를 통해 아그네스가 지닌 신성을 벗겨냄으로써 그녀는 법정에 서고, 결국 죽음에 이르고 만다. 의사 리빙스턴은 사랑이라는 이름으로 자기 손으로 죽이고 있는 아그네스를 알지 못했던 것이다. 신의 아그네스, 이성으로 무장된 냉철한 의사의 사랑이 아그네스의 신성을 모조리 벗겨내고 있다는 것을 그는 알지 못했다.

현실적 시선을 가지지 못한, 텅 빈 동공의 아그네스는 노래를 즐겨 부른다. 그 노래는 물론 신을 찬미하는 내용이며, 그녀의 목소리는 천상의 소리 같다. 수녀원 원장은 아그네스의 노래를 매우 의미있게 생각하여 자신의 믿음과 관련지으려 한다. 그녀는 여섯 살 이전에 눈에 보이지 않는 친구처럼, 천사와 이야기를 나눈 경험이 있으며 그 때의 소리와 아그네스의 목소리가 같다고 생각한다. 마치 항해사가 바다를 기억할 수 있는 것처럼 원장은 어린 시절에 들은 천사(우주의 소리)의 소리를 기억하고 있다. 원장은 천국에 대한 확신도 하나님에 대한 확신도 갖지 못하고 방황하던 어느 날 수녀원 뜰을 거닐다가 아그네스의 노래 소리를 듣는다. 그 순간 그녀는 하느님과 자신에 대한 모든 의심이 사라졌다고 리빙스턴에게 고백한다. 그럼에도 원장은 성인聖人은 천부적이며, 지금 시대엔 성인이 없다고 생각하는 사람이다. 시대적인 결여 때문에, 성인을 얘기하기엔 이 시대의 삶이란 너무 복잡하기 때문이다. 즉 현대의 삶은 우주의 가락을, 신의 노래를 들을 수 있을 만큼 단순하지도 못하고 깊이 천착할 만큼 여유롭지도 않고 순수하지도 않다. 이성이, 문명이, 과학적 논리가 신성을 모두 덮어버렸다. 우리는 종종 보이지 않는 것의 힘을 느끼면서도 그것을 믿으려 하지는 않는다. 믿음 없는 논리 속에서 갈구하는 영혼은 힘을 가지지 못한다는 것을 아는 원장은 의사 리빙스턴의 논리적 분석이 어떤 결과를 가져올지 불안한 심정으로 바라본다.

의사 리빙스턴이 가지고 있는 분석의 도구는 이성이다. 물론 필요에 따라 최면을 걸고 당시의 상황을 재현하기도 하며 그녀에게 어떤 치료가 적절할지를 고민한다. 이성적 성찰로 그녀에게 최대한의 도움을 제공하고자 노력하지만 아그네스의 내면으로 들어갈수록 리빙스턴은 자신이 미처 고려하지 못한 문제에 봉착하게 된다. 아그네스가 성장 과정에 문제가 있는 점은 사실이지만 아그네스의 두 손에 역력히 나타나는 스티그마타(stigmata)는 현대과학으로 어떻게 해석할 것인가. 이는 결국 우리가 가지고 있던 신화의 지위를 과학이 차지한 현실에서는 납득할 수도 인정할 수도 없는 문제이다. 남자와 성교하지 않은 숫처녀의 초자연적 잉태라는 기적을 인정하느냐 그렇지 않느냐의 문제로 귀결됨을 의미한다.

2천년 전의 사람들은 아버지 없이 태어난 아들을 믿었다. '천사가 그녀에게 광채를 띠며 왔노라'라는 말을 의심하지 않았다. 믿는 자에 따라서 그것 역시 경이로운 자연 과학이다. 경이로움이란 대답을 찾으려 하지 않고 의문점에 가까이 갈 수 있을 때 존재하는 것이기 때문이다. 대답을 규정지으려 한다면 과학의 경이로움은 없다. 모든 기적이란 마침내 설명되어지지만, 그건 만 년 이상의 긴 세월이 흐른 뒤에 알 수 있는 일이다. 그것이 신화다. 그래서 기적에 대한 믿음은 선택하는 자의 몫이 될 뿐이다. 원장은 아그네스가 신에게 선택된 자라 생각하고 그녀를 통해 자신의 믿음을 구하려 한다. 하지만 독자의 판단은 어떨까. 독자가 신성에 대한 믿음을 송두리째 버린 철저한 이성주의자라면 극본 속의 기적을 끝까지 인정하지 않고 아그네스가 누군가와 동침했을 것이라 해석할 것이다. 그렇지만 여전히 아그네스의 손에 나타나는 스티그마타의 문제는 남는다.

3. 잃어버린 노래

원장은 기적이란 설명되어질 수 없는 것이고, 기적에 대한 설명을 요구하고 있기 때문에 사람들은 믿음에 실패한다고 말한다. 의사 리빙스턴은 아그네스의 성장과정을 분석하는 과정에서 아그네스가 어린 시절 어머니로부터 씻을 수 없는 상처를 받았다는 것을 알고 정신분석을 시도하면 문제를 해결할 수 있을 거라 믿는다. 아그네스의 무의식 분석을 하게 되면 그녀의 트라우마를 통해 아기를 잉태시킨 사람을 밝힐 수 있고, 살해 동기를 찾을 수 있을 것 같았기 때문이다. 아그네스가 강간당했다고 주장하는 리빙스턴다운 생각이었다. 그러나 순수한 아그네스와 대화하면서 의사는 점점 자신의 이성에 대한 확신이 흔들리기 시작한다.

아그네스 – 하느님에게 얘기를 해요. 하느님은 절 두렵게 하지 않거든요. 하느님 없이는 살 수가 없어요.
닥터 – 저도 하느님과 대화 할 수 있을까요?
아그네스 – 모르겠어요. 하느님이 당신 얘길 듣고 계실지…
닥터 – 왜 아닐 거라 생각하죠?
아그네스– 왜냐하면 당신은 하느님의 말씀을 듣고 계시지 않으니까요

하느님은 누구에게나 말하고 소통하는 대상이다. 단지 그 말을 들을 수 있는 사람만 신적 존재를 확인하고 소통할 수 있을 뿐이다. 이 우주에 신은 늘 존재하나 그 존재를 느끼고 알 수 있는 사람만이 '말씀'도 들을 수 있다. 그것이 순수한 아그네스가 말하는 신이다.

말씀을 들을 수 있다는 것은, 그만큼 순수하게 믿음을 갖는 자, 혹은 순수한 영혼의 소유자라고 할 수 있다. 신의 존재는, 뫼비우스의 띠처럼 내 안의 존재(신)와 바깥 존재(신)가 만나질 때 느끼고 감지할 수 있지 않던가. 바깥의 신이 내게 말을 걸어와도 내 안의 신이 깨어나지 않으면 인간은 신과 소통할 수 없다. 현대의 우리에게 바깥의 신은, 우주의 신은 늘 같은 자리에서 존재하나 내 안의 신이 그 존재를 드러내지 못한다. 이성의 영역으로 사는 우리에게 감성의 신은 자리를 차지할 영역이 없기 때문이다. 누구에게나 신은 존재한다. 다만 현대의 우리가 찾지 못하고 믿지 않을 뿐이다. 그런 의미에서 라깡도 '신은 무의식이다'라고 할 수 있지 않았던가. 인간의 내면 깊이 침잠하여 심층의 무의식을 만나는 일, 신을 만나는 자리이지 않을까.

아그네스는 두 번째 손바닥의 출혈을 보이며 수녀와 의사에게 말한다. '그는 여섯 날 동안이나 내게 노래를 들려주었어요. 한 번도 들어본 적이 없는 노래였어요. 그리고 칠일 째 되던 날 밤에, 그가 내 방으로 들어와서 그의 날개를 펴고 내 몸 위에 누웠어요. 그리고 노래를 불러 주었어요.' 결국 리빙스턴은 최면을 통해 아그네스가 탯줄로 목을 감아 아기를 쓰레기통에 버렸다는 걸 알게 된다. 아그네스는 자신처럼 고통 받으며 살 아기를 구원하기 위해 버렸다. 아그네스는 실수라고 말한다. 자신의 실수가 아닌, 하느님의 실수. 그래서 아기를 구원하려면 하느님께 돌려보내야 했다고 말한다.

이제 절망해야 하는 자는, 믿음을 갖기 위해 때로는 무지할 만큼 아그네스의 신비를 보호하려 했던 원장과, 과학과 이성으로 무장된 사람들의 거짓을 파괴하기 위해서라도 자신이 필요하다고 생각하는 의사 리빙스턴이다. 마지막으로 등장한 의사는 긴 독백으로 자신의 무지를 통렬히 반성한다. 기적의 믿음일 수 있다는 것을 자신은 놓치고 말았다는 것을. 그리고 자신의 내면에 숨어있던 슬픔과 분노를 표출하며 절규한다.

"그녀는 왜 어린 시절 학대와 상처를 받아야 했고, 아이를 죽여야 했으며, 마음을 갈기갈기 찢겨져야 했는지, 도대체 하나님 당신은 어떠한 분이시기에, 이렇게도 질서정연한 우주 속에서, 자기를 유린당하면서까지 그러한 놀라운 체험을 하게 해야만 했나요? 저는 이제 더 이상 무엇을 믿어야 할지 모르겠습니다.… 그리고 그녀가 정말로 제게 그 무엇-그녀의 일부분을 남기고 갔으리라고 믿고 싶습니다. 이것이 기적이기에 충분하지 않을까요? 그렇지 않습니까?"

감성이라고는 끼어들 수 없는 차가운 이성으로 무장된 리빙스턴이 아그네스의 고백을 듣고 비로소 그 이성만으로 설명될 수 없는 무엇이 있음을 깨달았다는 것은 그녀의 변화를 의미한다. 의사 리빙스턴의 독백처럼 어쩌면 신화는, 신성은 고통을 통해 생의 경이로움을 체험해가는 과정에서 드러나는 것일까. 그래서 생은 목적이 아니고 과정이며 그 과정에 놀라운 체험을 하게 되는 것, 이것이 신성이 깃든 삶의 체험이지 싶다. 우리는 그 이름을 기적, 혹은 신비라고 하던가.

신화의 지위를 과학과 이성이 꿰어찬 시대라고 하지만 이 세상에는 과학으로는 설명하기 어려운 현상이 아직도 많이 존재한다. 아그네스가 경험한 처녀잉태도 마찬가지다. 아그네스가 출산한 아이를 기적의 소산물로 보느냐 그렇지 않은가는 관객의 몫이다. 누구도 쉽게 확정할 수 없는 이 열린 결말로 ≪신의 아그네스≫는 먼 후일에도 회자되지 않을까. 인간이 절대적인 신을 좇고 순수를 좇아 지향하지만 결국 찾을 수 없는 이유는 그 존재에 대한 믿음이 없어서라는 대답이나, 빈틈없는 논리적 절대성을 추구해 가려는 인간의 노력이 실은 더 소중한 감성과 신성을 잃어가게 한다는 대답은 너무 평이할까. 어머니로부터 받은 지독한 트라우마로 정신적 성장을 멈춘 아그네스의 순수성이 신과 소통하게 하지 않던가. 문명속에서 점차 쇠락해가는 인간 심층의 잠재적 가치를 잃지 않으려 겨우 자맥질하며 견디는 현대인에게는 아이러니하게도 아그네스가 아름다워 보이기까지 한다.

그 다음 날 의사 리빙스턴은 그 사건에서 손을 떼고 아그네스는 법정에 섰다. 그리고 병원으로 옮겨졌다가 그곳에서 그녀는 더 이상 노래를 부르지도 않고, 먹지도 않다가 죽었다. 우주의, 신의 노래는 더 이상 들을 수 없었다. 인간 심층의 영적 잠재력에 이르는 실마리, 내면적인 통과의례의 문턱을 넘는 신비한 천구天球의 노래는 우리에게서 더 멀어졌다. 깊고 풍부하고 삶을 싱그럽게 하는 신화(신성)의 소멸이다.

가족, 그리고 사랑의 변증법

– 신경숙, 〈풍금이 있던 자리〉

1. 여는 글

온종일 비가 내린다. 이틀 동안 하늘이 내려앉아 희뿌윰한 운무 속으로 산이 숨어들고 세상은 온통 빗속에 잠겨있다. 그런데도 지루하게 내리는 비가 싫지 않다. 외려 차분하게 가라앉혀 느긋한 여유와 평온을 맛보게 한다. 뭘까, 그 이유가. 술렁이는 바람을 동반한 가을비와는 다르게, 맵찬 가시를 품은 겨울비와도 달리, 다소곳하게 내리는 빗속에서 새색시 닮은 따뜻하고 설레게 하는 봄을 보았음일까.

해질녘, 느슨해진 빗줄기 사이로 산 밑 수양버들이 눈에 들어온다. 칙칙한 겨울의 흔적을 벗고 연둣빛 봄 빛깔로 갈아입는 중이었다. 양지바른 산 능성에는 그예 매화꽃 벙글고 있겠다. 이번 호 주제를 무엇으로 삼을까 책상 앞에 앉아 머리를 되작거리던 순간의 느낌과 생각들이었다. 봄엔 사랑이다. 신기루 같기도, 마약처럼 빠져들기도, 죽을 만큼 고통스럽기도 할 사랑. 문학에서의 사랑은 생의 주기처럼 순리대로 흐르기 보다는 거센 파도가 앞을 가로막고 태풍이 몰아치거나 장애물이 가로막아 건널 수 없는 은하수가 되지 않던가. 신경숙의 〈풍금이 있던 자리〉다.

> 마을로 들어오는 길은, 막 봄이 와서,
> 여기저기 참 아름다웠습니다. 산은 푸르고 … 푸름 사이로 분홍 진달래가… 그 사이… 또…
> 때때로 노랑 물감을 뭉개놓은 듯, 개나리가 막 섞여서는… 환하디 환했습니다. 그런 경치를 자주 보게 돼서 기분이 좋아졌다가도 곧 처연해지곤 했어요. 아름다운 걸 보면 늘 슬프다고 하시더니
> 당신의 그 기운이 제게 뻗쳤던가 봅니다. 연푸른 봄산에 마른버짐처럼 퍼진 산벚꽃을 보고 곧 화장이 얼룩덜룩해졌으니.

〈풍금이 있던 자리〉의 나는 사랑하는 사람과 외국으로 떠나려고 부모님께 마지막 인사를 하기 위해 고향으로 내려오지만, 고향이 주는 묘한 안정감과 그로 인해 자신을 돌아보게 하는 성찰이 사랑하는 '그'에게 편지를 쓰게 한다. 서간체 형식의 이 소설은 편지를 쓰는 것으로 시작하여 끝내 보내지 못할 편지를 마치는 것으로 끝

난다. 즉 이루어지지 못한 사랑의 이야기이다. 불륜의 사랑이었던 만큼 고백하는 화자의 어조는 망설이는 말더듬이투다.

역에서 내려 집으로 오는 소설의 시작부터 보여주는 전경화된 분위기를 구체화 하면 '고향'과 '가족'이다. 자신이 태어나고 자란 마을로 들어선 화자는 집으로 바로 들어가질 못하고 송두리째 텅 빈 것 같은 마을을 한 바퀴 돌고도, 또 들어가질 못하고 서성대다가 시끄러운 새소리를 듣는다. "미루나무를 올려다보니 부부일까? 두 마리의 까치가, 참으로 부지런히 둥지를 … 둥지를 틀고 있었어요." 화자의 시선을 끄는 대상은 모두 그의 내면이 투사된 현상들이다. 따라서 화자의 눈에 들어오는 것은 가족을 상징하는 새의 둥지나 우사, 그리고 사랑으로 깊이 상처받은 여자들, 그리고 아픔을 공유한 가족이다.

2. 여자, 어머니, 그리고 화자

마을을 서성이다 집에 들어온 나는 텅 빈 집 마루에 앉아 봄볕이 가득 찬 마당을 바라보고 있다가 대문에 시선이 옮겨졌을 때, 자신 속에서 친숙한 느낌의 어떤 것이 불쑥 치솟는다. 어린 시절 자신이 이 자리에 앉아 집을 떠난 엄마를 기다리던, 지금과 똑같은 풍경이 제 삶을 뚫고 지나간 적이 있음을 기억해낸 것이다. 일곱 살이 되었을 때 저 대문을 통해 아버지가 사랑하는 여자가 들어왔고, 어머니는 백일 된 막내를 두고 그 대문을 통해 집을 나갔다. 화사한 봄볕을 거느리고 들어온 여자는 억척스런 살림꾼이었던 어머니와는 다르게 노란 나비같이 화사하고 예뻤다. 어머니가 호박구덩이에 똥물을 붓고, 논물에 사는 거머리가 물어뜯은 상처가 서너 개씩 있던, 계절 없이 살갗이 튼 여자였다면, 여자는 배추를 뽑을 때는 배춧잎같이, 텃밭지기 노랑나비가 그 여자 머리 위에 내려앉으니 날개를 바꿔 달은 듯했다. 여자는 천사였다. 그러나 여자는 내 집에 들어와 이십일을 살다 떠났다. 아버지 일생에서 그토록 환하게 빛나던 시절이 없었을 정도로 아버지는 여자를 사랑했음에도, 당신의 사랑을 믿어요,라는 말을 남기고 여자는 떠났다.

여자와 어머니의 위치가 바뀌어 있던 어느 날, 어머니가 집에 들어왔다. 여자에게서 아기를 받아 안은 어머니는 힘줄이 울룩불룩 튀어나온 퉁퉁 불은 젖을 물렸다. 봄볕이 내려 쪼이는 봄날에 마루에 앉아 젖먹이는 어머니와 그 곁에 서서 그저 마당만 하염없이 내려다보고 있는 그 여자에 대한 기억이라니. 엄마의 젖을 먹은 아기가 혼곤한 잠에 빠져들자 아기를 눕히고 어머니는 단추가 잘못 꿰어진 나의 옷을 다시 입혀주고는 어린 내 눈을 하염없이 들여다보다 다시 대문을 나갔다. 말없음, 그것이 어머니가 견디는 방법이었을 것이다. 여자가 그토록 살뜰하게 보살펴 주었건만 빈 구석이 드러난 것을 보면서 여자는 제 어미의 빈자리를 완전하게 채워주지 못했음을 알았던 것일까. 천륜이라는, 노력으로 대체될 수 없는 무엇이 있다는 것을. 여자는 다음 날 뒤란 마당까지 깨끗이 쓸어놓고 왔던 들길을 되짚어 읍내로 떠났다. '아버지가 물으시거든 모른다, 고 하라는 말만 남기고.

여자가 집을 나가자 그녀로부터 아낌없이 사랑을 받았던 나는 어떤 부채감으로 들길을 가고 있는 여자에게 달려간다. 그녀가 잊고 간 칫솔을 챙겨들고서. 그 칫솔은 여자가 아버지와 사는 동안 훼방만 놓던 아이들과의 갈등으로 고통이 있을 때마다 숨던 은둔처였다. 여자는 내게 칫솔질을 가르쳐 주면서 비로소 울 수 있었으니까. 그 여자의 눈물이 어린 내 손등으로 툭 떨어졌던 기억을 나는 오랫동안 기억하고 있었다. 여자의 뒤에 서서 옷깃을 잡아당기자 여자가 고개를 돌렸다. 얼굴은 온통 눈물로 얼룩투성이였다. 칫솔을 내미는 어린 나에게 여자는 말했다. "나 … 나처럼은 … 되지 마." 그러나 현재 편지를 쓰고 있는 나는 그 여자처럼, 가정 있는 남자를 사랑하고 그와 함께 멀리 떠나기로 약속하고 있질 않던가.

편지를 쓰면서 나는 비로소 아버지의 여자와 어머니를 생각하게 된다. 뿐만 아니라 소설 속에는 남편의 바람으로 남은 생 동안 고통스럽게 살다 간 점촌 할머니와 에어로빅 강사였던 내게 와서 남편의 여자 이야기를 눈물로 하소연하던 중년 여자가 있다. "용서하십

시오… 제가 … 바로, 그 여자들 아닌가요?"

3. 가족, 산맥 같은 것

> 오늘은 비가 … 명주실 같은 저, 봄비 … 가 (중략)
>
> 움막 집집마다 한 가족들이 보입니다. 남편과 아내와 여러 아들과 딸들이 그 속에서 서로 엉켜 삽니다. (중략) 여자들은 누구나 자식을 덩실덩실 여럿 낳고 싶어 했을 거라고 저는 생각하는 것입니다. 그들은 산맥같이 얽혀서 사냥해온 멧돼지나 오소리, 때때로 곰을 그 움막집 앞의 불길에 굽는 겁니다.

화자인 내가 생각하는 가족이라는 것은, 남편은 식구를 위해 사냥을 하고, 아내는 자식을 여럿 낳아 자손을 번창시킬 뿐만 아니라, 각자 자기의 역할을 하면서도 모두 '산맥'같이 얽혀 사는 존재다. 산은 하나하나 독립체로 존재하는 것처럼 보이지만 그 개개의 산을 이어주는 게 산맥 아니던가. 그래서 가족은 거대한 산맥을 이루고 있는 것이다. 아버지의 사랑, 여자의 사랑, 나의 사랑은 말없는 그 산맥 속으로 스며들고 만다.

> 아버지는 그 여자를 정말 사랑했습니다. 아버지는 그 여자가 저녁 설거지를 마치고 들어오면 손크림을 발라주셨지요. 왜 그것만이 유난히 생각나는지 모르겠어요. 저는 아버지의 손과 그 여자의 손이 스스럼없이 서로 엉키는 것이 꼭 꿈결인 것만 같았어요. 손크림

을 통에서 찍어내 그 여자의 손에 골고루 펴 발라주실 때 아버지의 그 환한 모습을, 그 이후에도 그 이전에도 본 적이 없는 것 같아요.

그렇다 해도 가족이라는 세계를 창조하는 순간 사랑이 완성된다거나 실현될 것이라는 생각은 그다지 만족스런 답이 될 수 없다. 가족이라는 세계가 사랑에 속하지 않기 때문이 아니라 사랑은 전적으로 가족으로 환원할 수는 없다는 뜻에서다. 사랑과 가족은 함께 갈 수 없는 어긋난 운명에 서 있는가. 이럴 때 개별적 사랑은 꽃피우지도 못하고 공동의 산맥 속으로 복속되어 버린다.

사랑과 가족은 자연스레 연결되는 하나의 구조 속에 묶여있다고 생각할 수 있지만, 오히려 분리되어 있을 때 빛나는 단어이기도 하다. 슬프게도 가족이라는 한 운명의 배를 탄 남녀에게 사랑이 존재하는가의 물음은 우문이 되어버렸는지도 모른다. 늘 대상을 옮겨 다니는 습성을 지닌 사랑은 오랜 시간 한 자리에 머물지 않는다. 사랑은 영원하지만 그것을 대하는 조건이나 방법이 변화할 것이다. 보편적으로 아내가 되고 난 후의 여자는 한 운명으로 묶인 소중한 존재일지언정 열정으로 빛나는 사랑은 되지 못한다. 〈풍금이 있던 자리〉의 여자들 또한 그런 운명에 처해 있다. 한 사람의 생에서 사랑하는 순간처럼 빛나던 때가 또 있던가. 아버지 역시 사랑하는 여자와 사는 이십일 동안 가장 환하게 살았다.

나는 어떤가. 나 역시 사랑하는 남자의 손을 좋아했지만 그의 손에는 늘 결혼반지가 끼어 있었다. 그걸 볼 때마다 내 가슴엔 쓰라림이 지나갔지만 당신은 그걸 의식하지 못하고 있었다. 나는 스스로 위로할 수밖에 없다. 나는 반지 말고 다른 것을 받았다고. 이를테면 반지 따위로는 감히 상계하지 못하는 당신의 사랑을 받았다고. 그러나 당신의 반지는 나를 사랑하는 것과는 무관한 아내와의 상징성을 드러내는 것일 뿐이라 해도 두 사람의 바꿀 수 없는 운명임에야. 이미 그에게는 아내와 자식으로 이어지는 산맥이 존재하고 있지 않은가.

지난 사흘 동안, 저는 눈 먼 송아지를 돌봤습니다 … 점촌 할머니는 어머니에게 평생을 춥게 살다 가신 분, 가여우신 분입니다 … 언젠가 당신이 겪은 경험으로 그 분의 쓰라리고 고됨을 이해하시기 때문인지도 모릅니다 … 우사에서 눈 먼 송아지의 입술을 제 어미의 젖꼭지에 대주고 도랑가로 나와 철길 너머를 바라봤는데, 점촌 할머니 떠나시는 모습이… 하얗게… 멀리 보이더군요.

이미 마을에 들어와서, 자신을 돌아보게 하는 여러 기억들을 떠올리고 있는 나는 지치고, 어린 시절 그 여자가 떠나면서 무슨 약속인가를 했고, 지금이 그 약속을 지켜야 할 때라고 생각한다. 중첩적인 회상과 눈 먼 새끼를 대하는 어미 소의 행동과 새끼에게 먹이를 물어나르는 까치를 보면서 나의 내면은 자꾸 가족이라는 숙명 쪽으로 기운다. 그때 그 여자가 떠나주지 않았다면 우리들은 어떻게 되었을까? 우리 가족은 지금 이만한 평온을 얻어낼 수 있었을까? 그 여자가 떠나고 아버지는 오랫동안 술에 취해 살았다. 사랑을 잃은 상실감으로 자신의 세계 하나를 떼어내는 아픔을 견뎌야 했다. 지금이나 그 전이나 아버지 인생에서 가장 환했던 때는 그 여자가 있던 그 시절이라고 생각하면서도 나는 그것만이 우리 삶의 다는 아니라고 자신에게 다짐을 준다. "양잿물을 들이마신 것같이 쓰라리게 당신이 그리워요"라고 쓰면서도. 그것이 아버지를 사랑한 여자가 떠난 이유이고, 그리고 내가 사랑하는 그를 따라가지 않는 이유이다.

4. 사랑, 완전한 진리의 세계

사랑 이야기는 우리 모두를 매료시킨다. 까닭이 무엇일까. 사랑한다는 것은, 온갖 고독을 넘어서 세계로부터 존재에 생명력을 불어넣을 수 있는 모든 것과 더불어 포획되는 것이기 때문이다. 사랑하므로, 이 세계에서 타자와 함께 하는 행복의 원천이 나에게 주어진다. '나는 너를 사랑해'는 내 존재를 위해 네가 있는 그 원천이 이 세계에 있다는 것이 된다. 이러한 원천에 담겨있는 물속에서 나는 우리의 기쁨을, 그러나 무엇보다도 너의 기쁨을 본다. 말라르메의 시처럼, "물결 속에서 발가벗은, 네 기쁨에 이른 너를" 나는 본다. 그래서 알랭 바디우는, '시련을 받아들이고, 지속될 것을 약속하며, 바로 그 차이에서 비롯된 세계의 경험을 수용해나가는 모든 사랑은 자기 고유의 방식으로 차이에 관한 새로운 진리 하나를 생산해낸다'고 말한다.

> 지금 … 막, 당신과의 약속시간이 지났습니다. 순간, 숯불이 엎어지는 듯한 뜨거움이 가슴에 치받쳤습니다. (중략) 당신을 만날 때의 반가움, 당신의 얼굴을 만져보고 싶은 수줍음, 당신이 없는 동안의 그리움, (중략) 그렇게 익숙한 것이지만 방금 것의 치받침은 한 세계를 무너뜨리느라고 쉬이 가라앉지 않을 것입니다. 따지고 보면 세상에는 가까이 가선 안 될 게 얼마나 많은지요. 그 안 된다는 것 때문에 또 얼마나 애가 타는지요.
>
> 당신이 제게 주었던 즐거움이나 고통이나 슬픔, 허무로 뒤바뀌어 가는 것을 속수무책으로 바라봐야 했던 처음 며칠은, 마비된 듯이 누워만 있었습니다. 이제 당신을 볼 수 없다고 생각하니, 제가 엄청난 일을 저질러놓은 것 같았어요. (중략) 벼랑 앞에 선 것같이 아찔했어요.

나는 이 마을에, 집에 오지 않았어야 했다. 태어나고 자라면서 이 마을 사람들의 도덕과 관습과 표현할 수 없는 분위기까지 함께 했던 내가 어떻게 어머니에게 씻을 수 없는 아픔을 안겨준 여자의 과거를 되풀이 할 수 있을 것인가. 그래서 나는 사랑을 떠나보내야 했고, 그 아픔으로 자신 안의 한 세계를 무너뜨려야 했다. 사랑하는 당신을 못 만나는 나는 마비된 듯 살아야 할 만큼 내 세계가 무너졌지만, 그러면서 내가 할 수 있었던 것은 기껏 그래서는 안 된다는 금기 운운이었다. 그것은 그를 떠나기 위한 자기 최면이었다.

나는 이 편지를 마무리 짓지도 못했는데 당신은 거기(자신의 집)에, 나는 여기에 있게 된다. 나와 그는 서로 예전의 자리로 돌아간다. 하지만 그 자리는 나와 그 모두에게 이전과는 다른 자리가 된다. 사랑의 아픔이 지나간 자리, 즉 '풍금이 있던 자리'다. 생의 원형처럼, 상채기가 남아있지만 그건 아픔과 고통과 기쁨과 환희와 생의 경이로움이 혼융된 흔적이다. 생에서 무엇과도 바꿀 수 없는 가장 빛나는 시간, 완전한 시간의 세계였다.

"어제는 빨래터에서 이 사실이 어찌나 낯설은지 물밑을 오래 들여다봤습니다… 그래도 몇 년만에… 숨을… 깊은… 숨을… 들이쉬는 것 같습니다." 사랑의 변증법. 사랑이 인생의 재발명이라면, 사랑은 그 어떤 것으로도 환원되지 않는 진리의 구축인 셈이다. 이제 그들은 사랑의 시련을 겪은 자만이 만들어낼 수 있는 새로운 시간성과 직면하게 될 것이다. 그래서 각각의 사랑은 보편적인 세계의 법칙들에 의해서는 계산하거나 예측할 수 없는 사건이 되지 않던가.

다시 바디우의 말처럼, 사랑은 만남을 통해 새로운 세계가 열리는 과정이다. 세계의 열림은 사랑의 경이와 행복을 보여준다. 그러나 그 경이와 행복은 불확실성과 고통을 반드시 수반한다. 경이로움과 불확실성의 공존, 행복과 고통의 공존. 이러한 모순적인 상황을 사랑은 반드시 동시적으로 포함하게 된다. 어쩌면 이것이야말로 사랑의 본성이다. 그래서 사랑은 당사자들에게 변증법적인 변화를 가져다준다. 〈풍금이 있던 자리〉가 보여주는 사랑의 철학이다.

우리들의 엄마는 어디에?

- 신경숙, ≪엄마를 부탁해≫

1. 여는 글

≪엄마를 부탁해≫가 미국에서 베스트셀러 10위권에 진입했다는 소식은, 문학에 대한 관심을 가지고 있는 사람들에게는 반가움이었다. '세계의 문학'이라는 표제를 대할 때마다 왜 한국작가의 작품은 이 반열에 들어가지 못하는지 간간이 아쉬워하기도 했기 때문이다. 그래서 다행스러우면서도 즐거운 일로 여겼다. 자국에서든 타국에서든 한 작가의 작품이 독자의 관심 영역으로 다가가는 일은 다양한 메커니즘의 혹독한 의례를 통과하지 않으면 안 되기 때문이다.

출판된 지 5개월만에 초판 56쇄 발행이라니, 이미 내로라하는 평론가들의 호평과 대한민국에서 손꼽히는 출판사의 외호를 받으며,

≪엄마를 부탁해≫가 대중들에게 어떻게 다가갔는지, 그 울림과 열풍이 어떠했는지 가히 짐작이 된다. 그렇게 빠른 시간 내에 한국에서 성공했고, 미국으로 진출할 수 있었고, 그리고 또 다른 나라로의 여행도 가능할지 자못 기대를 갖게 한다. 그럴 수 있다면 불감청이언정 고소원이겠다. 자, 이쯤에서 연막전술 그만 펼치고 본론으로 들어가야겠다. 엄마에 대한 이야기를 좀 해보자. 우리의 엄마, 소설 속의 엄마에 대해. 자식들과 남편과 독자에게는 그토록 강한 울림과 감동으로 존재했으나 정작 엄마 자신의, 한 사람의 존재감은 어떠했는지를 보자.

2. 문학이 억압한다는 것

일찍이 김현 선생은 '문학은 억압하지 않는다. 그러나 그것은 억압에 대해서 생각하게 만든다.'라고 했다. 비억압적인 것은 억압적인 것을 더욱 절실하게 느끼게 하기 때문이다. 다시 말하면 좋은 작품은 직접적으로 억압하지 않으며, 대신 억압을 생각하게 해주기 때문이다. 억압의 세목들은 다양하게 존재하지만 사회적 질서를 유지하기 위해, 인류를 보존하기 위해서라는 명분으로 무엇인가가 행해질 때 그 이면에는 반드시 억압이 존재한다. 그렇다면 같은 맥락에서 ≪엄마를 부탁해≫의 엄마는 어떤 위치에 서게 될까?

이 소설을 읽은 일반 독자들의 반응은 어떨까. 평을 쓰려고, 혹은 문젯거리를 찾으려 눈을 흡뜨고 들여다본 이가 아니라면 대부분의 독자는 가슴이 먹먹해지거나 손수건이 필요한 지점이 있었을 것이다. 까닭은, 소설을 관통하는 주 서사가 다른 무엇이 아닌 '엄마'이기 때문이기도 하고, 작가가 가진 문체의 힘으로 끌어내는 감동 때문이기도 하다. 이는 작가의 대단한 능력이다. 그러나 조금 냉정하게 이면을 보자. 이 소설을 통해 독자들은 엄마에 대해 어떤 생각을 했을까. 엄마는 자식에게 이런 존재여야 한다거나, 왜 내 엄마는 그러지 못할까, 모두들 자신의 관점에서 엄마의 의미를 다시 새기며 다른 상들을 고착시켰을 것이다. 왜 그런가.

현대사회에서는 문학과 일상의 경계에서 그 거리가 그리 크지 않다. 문학과 일상은 각각 제 위치를 가지고 있으면서도 상호 작용이 가깝게 이루어진다는 의미이다. 문학을 통해 독자는 새로운 이데올로기로 옮겨가기도 하고, 문화적 현상이 변화하여 그 시대의 패러다임이 달라지는 역할을 하기도 한다. 그런 의미에서 ≪엄마를 부탁해≫는 모성을 신비화하여 엄마가 되는 여성을 억압하게 된다. 뿐만 아니라 자식이나 남편은 여전히 엄마의 희생에 의지해 위안을 받으려 하고 그것은 일상으로 나아간다. 엄마의 희생에 대한 로망은 증대되고 자식들의 그 부응에 좇아가지 못할 때, 현실에서의 좌절은 비례하여 커진다. 그 갭이 클수록 문학은 우리를 억압하게 된다.

3. 존재와 부재의 미학

'엄마를 잃어버린지 일주일째다'로 시작하는 이 소설은 에필로그에선 '엄마를 잃어버린 지 구개월째다'로 마무리 지어진다. 엄마를 잃어버린 지 9개월 동안, 남편과 자식들은 엄마와 지낸 지난 삶을 통렬하게 되돌아본다. 그 결과 그들은 엄마와 헤어지기 전부터 엄마를 잊고 살았음을 조금씩 기억하게 되고, 아픈 회한으로 탄식하게 된다. 네 명의 화자 중 내포작가이기도 한 '너'가 성베드로 성당의 피에타상에게 '엄마를, 엄마를 부탁해'라고 입을 달싹거리는 장면은 그래서 더욱 많은 의미를 담게 된다. 어떤 존재에 대한 부채의식을 깨닫고 그 보답을 하려는 순간, 그 대상이 사라졌다는 것을 알게 될 때 참담한 절망감과 그 존재에 대한 미안함을 어떻게 표현하겠는가. 이 소설의 마지막 에피소드 또한 같은 맥락으로 해석할 수 있다. 그래서 독자의 눈물샘을 더욱 애절하게 자극해 줄 것이다.

'박소녀'라는 이름을 가진 예순아홉의 '엄마'는 생일상을 받으러 상경하여 실종된다. 평생 자식과 남편에게 자신의 많은 생을 할애하며 산 엄마가 늘그막에 자식들이 챙겨주는 생일상을 받으러 갔다가 영영 돌아오지 못하게 되었으니 서로 간의 그 애달픔은 오죽하랴. 그래서 피에타상 앞에서의 '엄마를 부탁해'는 처절한 고해성사가 될 수밖에 없다. 물론 엄마와 화자들 간의 기억의 소환을 통해 그들 삶의 궤적에서 슬픔과 기쁨과 안타까움이 혼융되어 나타나 인생이란 일방적으로 불행하기만 한 것은 아니라는 게 드러난다. 그러나 그들은, 혹은 우리는 그 정도만으론 성이 찰 수 없다. 그 추억의 서사들이 우리네 어머니의 모습과 동일하게 겹치기도 하고, 때로는 아름답게 미화된 어머니의 생을 통해 소설적 감동을 끌어내기도 한다 해도. 하여 한 평자의 말처럼 '세상 모든 자식들의 원죄에 대한 이야기, 엄마에 기대며 동시에 밀어낸 우리 자신의 이야기'로 말해지기도 한다. 그렇게 보여질 때 이 소설은 '아직 늦지 않은 이들에겐 큰 깨달음이 되고 이미 늦어버린 이들에겐 슬픈 위로가 되는, 아픈 이야기'가 될 수 있다.

그러나 우리는 현실에서 실제로 경험하거나 문학작품에서 흔하게 찾아볼 수 있는 질문 한 가지를 던질 수 있다. 엄마에게서 자식의 자리를 지운다면 한 사람의 존재는 어느 지점에 있을까? 진정 어느 것이 그의 자리를 채워줄 수 있을까? "너는, 그는, 당신은, 엄마를 한 번도 그이가 지닌 인간의 존엄 위에서 대하고 생각한 적이 없다는 지경까지 몰아간다" "어떻게 그럴 수가 있는가. 평생을 가족에 대한 헌신과 배려의 고단하고 고단한 노력으로 채워온 엄마를. 그러나 정말 그렇지 않은가. 나도, 당신도, 우리는 한없이 자책하며 우리의 죄를 고해할 수밖에 없다."1) 그런 엄마는 누구보다 더 큰 품으로 남편과 자식들을 챙기고 한 해 여섯 번의 제사를 지내며 그 집안을 지켰다. 집 마당은 그녀가 생명 받은 것들을 기르고 받아내는 노동으로 늘 환했다. 그녀는 남편의 무관심과 출분을 견뎌야 했고, 사산한 어린 생명과 시동생 균의 죽음을 가슴에 묻었다. 진뫼라는 산골에서 태어나 그러그러한 내력의 삶을 살아온 엄마는 우리의 엄마이기도 했다. 엄마라는 보편적 삶 자체였다. 그러나 그 엄마는 늘 혼자였다. 죽음에 이르러 둘째 딸에게 찾아와 읊조리는 말을 들어보면, "내가 신고 있는 굽이 다 닳아버린 파란 슬리퍼를 벗고 싶어. 내가 입고 있는 먼지투성이 여름 옷도. 이제는 나도 이게 나인지 알아볼 수 없는 이 몰골에서도 벗어나고 싶어"를 간절하게 말한다. 엄마는 자신의 존재를 드러내지 못하고 가족의 자리에 자신을 대신하여 묶어두다가 이래저래 얽힌 현실을 떠났을 때에야 자신의 생각을, 아니 자신에 대해 말하고 있다. 그것이 우리네 엄마의 생이고, 그 엄마로부터 인류는 힘을 얻어 발전하고 인간의 많은 에너지를 이어받는다는 매우 인간적인 말은 생략하자. 지금 우리는 엄마라는 한 여자의 존재성을 묻는 자리에 있으니까.

결국 엄마는 죽음에 이르러서야 온전하게 존재 자체가 된다. 중음신으로 영혼을 허공에 띄우고서야 평생 처음 온전한 한 개인의 자리로 다가가서 '나'라고 말하고 가족과 숨겨둔 마음속의 사랑에게도 말을 건넨다. 엄마가 남편에게 하는 말을 들어보자. "나는 선

---

1) 정홍수, ≪엄마를 부탁해≫, 창비, 2008.

산의 가묘로는 안 갈라요…. 오십년도 넘게 이 집서 살았응게 인자 는 놔주시오." 평자에 따라서 어떤 이는 '호명과 문책의 시선은 엄마의 몫이되, 엄마가 그 몫을 거절함으로써 텅 비어버린 자리'라고 말한다. 그러나 역시 엄마는 자신의 존재를 주장하지 않고 내줌으로 미화되면서 존재의 자리에서는 희미해지거나 사라져 버린다. 그 지점이 가족을 돌보는 엄마의 행복한 자리이겠다. 그러나 그것은 자식 혹은 우리가 바라보는 관점이다. 엄마의 삶에서 보면 그것은 오랜 시간 동안 엄마는 그러그러해야 한다는 문화적 관습이 지어낸 이중구조 속의 모순일 수 있다. 모성은 여자가 정체성을 획득하는 한 부분이기는 하나 전부가 되지는 않기 때문이다. 이 소설에서 엄마라는 온전한 한 개인의 존재는 살아생전엔 거의 실종 상태에 있다. 엄마가 진실로 원한 삶이 이런 것들이었을까?

더구나 엄마는 실종된 후 끝내 가족에게 돌아오지 못한다. 소설의 감동적 서사를 위해, 혹은 미학을 발생시키는 플롯을 위해 어머니가 객사하는 것, 끝내 찾지 못하고 소설이 끝나는 것쯤을 문제 삼으려는 생각은 아예 없다. 살아있을 땐 존엄적 생이 거의 부재하고, 죽어서는 집 밖에서 안타까운 죽음을 맞고도 그녀에겐 끝내 아늑하게 쉴 곳조차 보장되지 않는다. 어디선가 떠도는 영혼으로, 인간이 가장 평화롭게 맞아야 할 죽음 앞에서도 그녀는 소외되고 만다. 그녀, 엄마의 삶은 그런 것이어야 하는가?

4. 환(幻)이었던가?

어떤 형태로든 엄마는 평론가 신형철의 지적처럼 “사라져가는 모성에 대한 향수가 있기에 죄의식”을 갖게 하며 그로 인해 독자를 억압하게 된다. 그런 의미에서 모성은 우리에게 여전히 우상으로 존재하여 우리를 억압한다. 모성을 가진 여성만 억압하는 게 아니라 모성에 기대어 휴식을 취하려는 남성의 로망이 이루어지지 않으면 그 또한 억압이 된다. 문학은 저항한다는 구호에 의해서, 억압에 대해 생각하게 만드는 게 아니라 인간을 억압하는 기존 질서와 그것이 만들어내는 우상숭배적, 물신적 사고를 파괴함으로써 억압에 대해 생각하게 만든다. 핍진하게 표현하면 모성신화 또한 우상숭배에 다름 아니며, 우리를 가짜로 위로시킨다. 힘 있는 문학은 그 우상적 요소를 파괴하여 극도의 허구성을 드러내며, 억압하지 않는 것이 있다는 것을 보여줌으로써 역할을 다한다고 할 수 있다. 아도르노의 표현을 빌면, 파괴 그 자체가 됨으로써, 문학은 우상을 파괴한다. 우상을 파괴하지 않는 한 억압은 없어지지 않는다. 그 파괴는 우상을 파괴해야 한다는 주장에 의해서 이루어지는 게 아니라 문학이 그 파괴의 징후가 됨으로써 이루어진다.

그런 관점에서 이 소설은 또 다른 ‘엄마들’을 억압하거나 혹은 우상화 한다고 볼 수 있다. 이 땅의 엄마가 되어야 할 여성들은 이 글을 읽으면서 무엇을 생각할까? 어떤 자식도 자신이 엄마가 되어 보기 전에는 엄마의 생을 제대로 바라보지 못한다. 엄마도 그의 욕망을 가진 한 여자이고 한 인간이라는 사실을 잘 알지 못한다. 그래서 엄마는 그저 향수로만 존재하게 된다. 이 작품은 모성에 대한 새로운 인식을 주는 것보다는 엄마에 대한 억압을 더 많이 생각하게 한다. 신형철의 주장처럼 모성을 신비화하여 그로부터 위안을 받으려 한다면 이는 분명 퇴행이라 할 수 있다.

벤야민은 기술의 발달을 통해 예술의 대중성이 확보된 것은 좋은 일이라고 하면서도, 정치 집단들이 이를 이용해 대중 선동이나 지배 이데올로기를 정당화하려 드는 것에는 신랄한 비판을 가하고 있다. 이에 한 가지 더 자본의 충동질은 진정한 문학을 기만하게 하기도 하고, 독자의 판단력을 마비시키기도 한다. 결국 ≪엄마를 부탁해≫는 최소한 이 주제에 관한한 위의 요건을 두루 갖추고 있는 셈이며, 독자는 물론이고, 심지어는 문학이 억압적 요소를 품는다는 측면에도 가담하고 있다. 우리는 이미 자본이 개입되면 그 원본의 형태가 일그러지지 않는 것이 없는 세계에서 살고 있다. 이러한 시대에 우리들의 엄마는 어디에 설 수 있을까? 가끔은 엄마인 나 역시도 내 자리가 가늠되지 않을 때가 있다.

불편한 진실

– 김기덕, 〈피에타〉를 보고

1. 막막함으로부터

영화가 주는 무게로 몸까지 무거워진 나는 엔딩 크레딧이 올라가고 상영관의 불이 밝혀질 때까지 꼼짝 못하고 앉아 있었다. '나쁜 남자'를 보고 난 후의 짓눌린 슬픔처럼, 건조한 눈물이 조금 흘렀던가. 그렇게 의식을 잠시 비워둔 후, 청소를 위해 들어온 아르바이트생을 의식해서라도 나는 일어서야 했다.

'감독이 미쳤나봐' '엄마가 또라이 아냐?' '남자 친구랑 오지 않길 잘 했어' '베니스 영화제에서 상 받았다더니 이게 뭐야' '피에타가 무슨 뜻이지?' '차에서 피가 흘러 붙인 제목인가?' 한바탕 사람들이 몰려가고 난 뒤에 한 템포 늦춰 엘리베이터를 탔을 때, 사람들이 각자 하고 싶은 말을 쏟아놓는다. 처음엔 농담인가 해서 그렇게 농을 던질 여유가 있나 싶었다. 그러나 마지막 말을 들으며 그건 영화에 대한 몰이해가 가져오는 진실? 이라 여겨졌다. 그토록 힘든 영화를 보고도 저렇게 경쾌할 수 있는 이유였다. 그러자 막막해졌다. 김기덕의 막막함은 더 지독했겠다. 언젠가 '괴물'과 비슷하게 개봉된 그의 영화 '시간'이 한국 영화시장에서 어떤 결과를 가져왔는지를 떠올리자 사람들의 반응에 사실성이 획득되었다. 알면서도 또 한 번 감수해야 하는 작은 충격이었다.

〈피에타〉는 김기덕의 영화 중 가장 대중화된 느낌의 작품인데도 그랬다. 존재와 윤리에 관한 철학적 질문을 시적 영상으로 표현하여 '난해하다'고 외면당했던 〈시간〉과 〈숨〉과 〈비몽〉에 비하면 대중적 코드를 지닌 영화라는 걸 쉽게 알 수 있다. 즉 예전 작품들에 비하면 시적인 화면 대신 서사가, 침묵 대신 직설적 화법이 등장하여 어떤 면에서는 그가 퇴행했다고 느낄 만큼 대중에게 다가와 있는데도 그의 영화에 익숙하지 않은 관객은 여전히 난해하고 불편한 모양이다. 영화를 말하는 방식에서 그 특유의 불편함이 묻어나는 장면들이 아주 없진 않았지만.

영화를 보고 1주일이 지났는데도 말하고 싶은 욕구에서 헤어나지 못했다. 말하고 싶을 때 하자. 예술이 지닌 여러 가지 요건들 혹은 그 특성으로 인해 예술을 향유하는 이들의 층위도 다양하고 반응도 다채롭다. 또한 사람들은 얼마나 가지각색인가. 얼마나 주관적인가. 그럼에도 말하고 싶은 이유는 무엇일까. 까닭을 찾았다. 말하고자 하는 변명의 당위성을.

2. 잔혹한, 인간의 다중성

청계천 주변에 밀집한 주물공장, 프레스 공장들이 있고, 가장 낙후된 곳의 철공소에서 한 장애인이 무거운 철을 매달아서 끌어올리는 크레인에 목을 매달아 죽는다. 그리고 비명이 흐르면서 영화는 시작된다.

강도(이정진)는 원금의 10배를 이자로 받는 사채업자의 해결사다. 그를 위해 채무자에게 상해보험을 들게 해서 돈을 못 갚을 때에는 프레스에 손을 절단시켜 보험을 받아내는 잔혹한 인간이다. 심지어는 빚 독촉에 병신이 되는 게 두려워 약을 탄 술을 마시고 자살한 주검을 때리며 '죽으면 다냐. 죽으면 보험금 타내는 게 복잡해'라며 화를 낸다. 그에게는 가족이 없다. 그래서 더 잔혹할 수 있었다. 거칠게 표현하면 지키거나 보호해야 할 어떤 대상을 가지지 못한 사람은 자기 제어가 훨씬 어려워진다. 때로 불편함을 감수하며 인내해야 할 이유가 없는 것이다. 상대적 존재인 인간은 사랑이든, 증오든 주고받으며 성장하고 그것들을 키워갈 수 있다. 어느 날,

그에게 낯선 여자가 찾아온다. 30년 전 강도를 버리고 떠난 엄마라고 주장하는 미선(조민수)은 강도의 온갖 욕설과 거부의 몸짓을 견디며 그가 받아들일 때까지 기다린다.

한 번도 사랑을 받아보지 못한 30살의 남자, 돈 받아내는 도구로밖에 살지 못하며, 하소연하는 채무자들에게 폭력을 가하고 심지어는 손을 자르고 추락시켜 장애인으로 만들던 강도가 마침내 엄마를 서서히 받아들이기 시작한다. 모성과 그의 야성이 충돌하지만 미선의 모성은 강도로 하여금 사람과 함께 사는 따스한 느낌을 찾게 한다. 그래서 아이처럼 미선의 품에서 자고 싶어 하기도 하고, 아침이면 엄마가 차려주는 밥을 먹고 집을 나서는 그는 수금하러 갔다가 새로 태어날 자식을 위해 보험금을 타려고 손가락을 자르려는 가장을 두고 그냥 돌아선다. 엄마, 가족이라는 존재의 따스한 빛이 '악마'로 살던 그를 인간으로 만들어갔다. 그러나 변화가 진행되며 미선은 철저히 빗나간 아들을 사랑하는 어머니 같았다가 뭔가 다른 눈빛을 보내며 복선을 드러낸다.

그런 어느 날, 미선이 짜던 스웨터가 완성되자 집을 나가 돌아오지 않는다. 그녀는 첫 장면에서 자살한 청년 이상구의 엄마였다. 아들 이상구의 생일날 그 시체에 스웨터를 입히고 그 앞에 앉은 미선은 처절하게 자장가를 부른다. 그리고 강도에게 돌아와 나무를 심어달라 한다. 그 후 미선의 계략으로 강도는 자신에게 피해를 당한 채무자들이 얼마나 끔찍하게 살고 있는지를 보게 된다. 다른 채무자를 5층 옥상에서 밀어뜨린 그곳으로 강도를 유인한 미선은 “악마 새끼”라며 떨어져 죽음으로써 자신의 복수를 완성한다.

3. 최후의 보루, 가족

미선은 강도의 엄마가 아니다. 강도가 죽이거나 상해한 수많은 빚쟁이들 중 한 사람인 상구의 엄마다. 자신의 아들을 죽인 강도에게 복수하기 위해 위장하고 있을 뿐이다. 미선을 밀어내는 강도의 폭언과 폭력적 행위는 보편적 수위를 넘어선다. 30년 동안이나 혼자 살아온 강도는 자신을 엄마로 믿어달라고 애걸하는 미선에게 자신의 살점을 떼어 먹으라고 하거나 미선을 움켜잡고 ‘내가 저 속에서 나왔다고? 그럼 다시 들어가면 되겠네?’라며 오이디푸스 콤플렉스의 장면을 연출한다. 그러나 미선은 이 버거운 시험을 아프게 감내한다. 그 모멸감을 견디며 꼭 해내야 할 목적이 있기 때문이다. 진짜 엄마라면 강도의 요구대로 모든 것을 증명할 필요는 없잖은가.

미선은 이런 혹독한 검증 과정을 거쳐 강도의 엄마가 되고, 강도에게 따스한 가족이 어떤 것인지 점점 익숙해지게 한다. 그러자 강도는 욕심이 생긴다. 아니, 불안이 생긴다. 처음 느껴보는 혈육의 사랑이 언제 갑자기 사라질지도 모른다는 불안감과 두려움이 생긴다. 사랑을 인정하게 된 것이다. 그도 다른 사람처럼 아픔이나 슬픔을 아는 이가 되었다.

미선은 가끔 강도에게 전화를 걸어 자신이 위험에 빠진 듯이 비명소리를 강도에게 들려준다. 어머니를 잃을까봐 패닉 상태가 된 강도는 자신이 피해 입힌 사람들의 복수라고 생각하고 그들을 찾아다닌다. 결국 미선은 한 채무자를 떨어뜨려 죽게 한 5층 건물로 강도를 유인하고 자신이 채무자들에게 폭력을 당하고 있는 것처럼 꾸민다. 강도는 자신의 죄이니 어머니는 살려달라 외치지만 미선은 '나쁜 새끼, 너도 당해봐. 가족이 네 앞에서 죽는 것을. 네가 죽는 것보다 그게 더 아파'라며 그동안의 비밀을 풀어준다. 그러나 '상구야, 미안해. 그런데 강도 그 새끼도 불쌍해.'라며 추락해 복수를 완성한다. 미선은 아들의 복수를 위해 엄마로써는 할 수 없는 냉혹함을 가지고 있지만, 사람으로서 한 순간의 양심이 강도에게도 연민을 드러내게 한다.

미선의 생전 유언대로 자신이 심었던 나무 밑에 묻으려고 땅을 파던 강도는 거기에 묻힌 이상구의 시체-미선이 짠 스웨터를 입은-를 발견하고 진실을 깨닫게 된다. 그러나 이미 사랑하는 이의 상실을 경험한 강도는 미선의 시체를 가운데 두고 이상구의 시체와 함께 나란히 누워본다. 거짓임을 알았지만 기억도 없는 어머니로 다가왔던 미선을 다시 느끼고 싶어한다. 처절하게 상구의 죽음을 복수하러 다가왔던 미선의 아픔과, 처음으로 가장 따뜻하고 소중한 것이 사람(모정)임을 알아가다가 그 존재를 잃은 강도의 슬픔이 서로 교차되는 지점이다.

가족은 인류에게 최후의 보루가 될 수 있을까. 최소한 잔인한 복수라 할 수 있는 〈피에타〉에서는 그렇게 보여진다. 미선은 아들 상구를 위해 자신을 다 버렸다. 자신에게 가장 소중한 아들을 빼앗아 간 강도에게 미선은 똑같은 방법으로 복수를 했다. 강도에게 사람의 마음을 불어넣은 뒤 그것을 갈가리 찢어버림으로써. 인간에게서 가장 소중한 것을 빼앗는 것이 가장 잔인한 복수이기 때문이다. 그녀는 아들의 복수를 위해 기꺼이 악마의 가족이 되어 악마 앞에서 죽었다. 사람이 되어가던 강도에게 미선은 그의 모든 것일 수도 있기 때문이다. 자신을 던져서라도 지키고 싶은 어머니였던 것처럼. 선이든 악이든 인간이 자신을 내던져 지키고 보호하려는 존재가 있다면 그것은 유일하게 사랑으로 무장된 가족일 것이다.

이 강도에게 나쁜 놈이라고 욕하면서도 그에게 연민을 느끼고 공포, 절규, 동정이 가고 보듬어주고 싶은 연민이 이는 이유이기도 하다.

4. 나를 보는 불편한 진실

〈피에타〉의 주 인물들은 가해자이며 피해자다. 복수를 위해 등장한 미선 역시 자신을 죽음으로 끌어가는 희생자이고, 강도 역시 가해자이면서 미선으로부터 상처를 받은 피해자다. 또한 그의 어머니로부터 버림 받은 피해자이기도 하다. 한 인간이 타인에게 가해를 끼치고, 피해자라는 또 다른 가해자가 되는 악의 고리의 중심에는 자본이 있다.

돈 때문에 사람을 죽이고 스스로 고귀한 생명을 끊고, 돈 때문에 사람 팔을 분질러 놓고 복수하는 모든 것을 담고 있다. 열심히 살면 행복이 보장될 줄 알았던 소시민들이 악덕 고리사채업자의 돈을 빌려서 삶이 어떻게 망가지고 피폐해지고 파괴되는지를 강도를 통해 잘 보여준다. 그런데 정작 돈을 빌려준 사람은 피 한 방울 묻히지 않는 모순을 보여준다. 문제를 만든 장본인은 따로 있는데 애먼 피해자들끼리 싸우고 있다. 오히려 불쌍한 존재인 강도 같은 일수꾼이 피를 묻히면서 사람들을 벼랑 끝으로 몰아간다.

어느 날, 강도가 미선에게 묻는다. "돈이 뭘까?" "돈은 시작이자 끝이야. 사랑, 욕망, 복수, 죽음…그런 모든 것이야" 자본주의에서 살고 있는 우리의 현실이고 진실이다. 영화를 보며 불편해지는 이유 중의 하나가 우리도 이러한 사실을 경험하며 살고 있다는 자각 때문인지도 모른다. 마음 속의 비밀을 들킨 것이라서, 차마 말로 표현하고 싶지 않은 차갑고 냉혹한 현실을 마주 하기엔 그 불온함에 심장이 두근거려서인지도 모른다.

강도는 첫 장면에서 이상구가 자살했던 그 모습처럼 자신의 몸을 쇠사슬로 감고, 강도로 인해 불구가 된 남편과 함께 사는 미자의 트럭 아래 누워서 자기를 끌어주기를 기다린다. 아무것도 모르는 미자는 여느 힘겨운 일상과 같이 차를 출발시켜 거리로 나아간다. 어두운 새벽길 가로등 불빛으로 트럭이 지나간 자리에 타이어로부터 붉은 액체가 묻어나온다. 미자의 트럭은 한참 달린다. 불빛에 화려하게 빛나는 서울 거리가 아침 햇살로 밝아오는 것을 보여준다. 잔혹하고 충격적이지만 아름다운 장면이다. 처절한 슬픔에 옴짝달싹할 수 없는 순간이기도 하다. 왜 슬플까. 서사적 맥락으로 보면 악마라 불리는 강도가 미선(사람)을 만나 사람이 되어 자신의 죄를 뉘우치고 죄 값을 치뤄 구원의 시간인 죽음으로 돌아갔는데.

거창하게 원죄라는 단어를 들먹이지 않아도 우리는 공범의식을 가지고 있지 않을까. 강도라는 인물에게 잔혹한 악마라 지칭하지만 누구도 같은 상황이 되면 강도가 될 수 있는, 내 안의 모습에 공감할 수밖에 없지 않은가. 마지막 장면은 감독의 무의식에서 나온 창작이든, 그의 인생관이든 우리의 내면과 닮아있지 않은가. 어디 그뿐인가. 우리는 영화의 구체적 시공간을 현실에서 목도하며 함께 살고 있지 않은가. 또한 그의 작품이 잔인하다 여겨질 만큼 가학적인 이유도, 인간이 저지를 수 있는 최대한의 악을 보여주기 위해서라면 더욱 그렇다. 인간은 불완전한 존재이고, 그래서 작가(감독)는 진실에 진실해야 하는데 강도는 감독 김기덕이 인간을 진실하게 그려내는 한 방법으로 선택한 것이다. 고통은 불완전한 존재만 체험하는 것이기에, 〈피에타〉의 강도는 가장 잔혹하게 보여지지만 그만큼 고통스러운 존재이며, 불완전한 내 안의 모습일 수 있는 것이다.

김지헌 수필집

그는 누구일까

인 쇄 / 2013년 3월 30일
발 행 / 2013년 4월 06일

지 은 이 / 김 지 헌
발 행 인 / 서 정 환
발 행 처 / 수필과비평사

출판등록 / 1984년 8월 17일 제28호
주 소 / 서울시 종로구 익선동 30-6
운현신화타워 빌딩 2층 209호
전 화 / (02) 3675-5633, (063) 275-4000
팩 스 / (063) 274-3131
E - mail / essay321@hanmail.net

값 13,000원

ISBN 978-89-98524-09-8 03810